アリストテレスも
ヘーゲルも
サルトルも出てこない

実用「哲学する」入門

平居高志

花伝社

アリストテレスもヘーゲルもサルトルも出てこない　実用「哲学する」入門◆目次

第2章　戦争と環境問題をめぐって………………………………76

第3章　家族と経済をめぐって………………………………113

第4章　メディアと文化をめぐって………………………………140

総論編　「哲学する」とはどういうことだろう？

最初にはっきりと書いておきます。この本は「哲学」を主題としています。しかし、わずか数ヶ所に、何人かの哲学者の名前が出てくるだけで、アリストテレスもデカルトもヘーゲルもハイデッガーもサルトルもマルクスも、そして朱熹も西田幾多郎も、その他古今東西の有名な哲学者・思想家の名前は登場しません。登場する数名の哲学者にしても、名前は出てきますが、その思想が理解できていなければ読めない、という書き方はしていません。小説や新聞の一節を引用するのと同レベルの登場です。

また、扱っている問題の多くは時事的な問題です。政治を問題にするにしても、「政治とは何か?」という抽象的な議論ではなく、具体的な政治的課題についてどう考えるべきか、という書き方をしています。

その意味で、従来のような「哲学」を期待して読む人には期待外れな本です。しかし、それはもちろん、「哲学」というものについての私の理解を反映しています。まず、この章では、私が「哲学」をどのように理解しているのか、それを明らかにすることから始めたいと思います。

＊

恥ずかしながら、私は某大学哲学科の卒業生で、大学では中国の哲学、中でも16世紀に生まれ、幕末〜維新の日本にも大きな影響を与えた陽明学という思想を勉強していました。

もう少し具体的に言えば、私が大学で研究していたのは王陽明（１４７２〜１５２８年）やその弟子・王龍渓（１４９８〜１５８３年）といった人の思想でした。研究とは、彼らが何を考えていたのか、彼らの著作を読むことによって明らかにするという作業です。しかし、彼ら自身が書いたものを読んでいるだけでは理解できないことがたくさんあります。そのためには、時代背景を調べたり、彼らが批判の対象とした当時の主流派・朱子学とは何か、といったことも勉強する必要がありました。

いずれにしても、それは過去のことを調べ、分析するという作業です。王陽明の考え方に疑問を感じたり、付け加える必要を感じたとしても、論文にそんなことを書くことはできません。王陽明の思想を実践したからといって、論文が書けるわけでもありません。哲学というのは深く考え、世の中の本質を明らかにすることだという漠然としたイメージを持っていた私は、過去の事実を明らかにして報告するという勉強が、どうしても「哲学」には思えませんでした。「哲学者」もしくは「思想家」と言われている人を対象にしているからその勉強は「哲学」なのだ、というのは本当でしょうか？大学での勉強は、私にとって「哲学史」もしくは「哲学学」であって、「哲学」そのものではなかったのです。

そんな研究は、私の心にあった「哲学」のイメージと一致しません。私は、違和感と劣等感とに苦しみながら、様々な偶然もあって高校の国語科教員になりました。典型的な「でもしか教師（教師しかできそうにないから、教師でもするか）」です。当然のこと、教員になった当初は、どんな教育をしたいという夢も理想も持ち合わせていませんでした。

しかし、必ずしも生徒に向かって「哲学」という言葉は使っていないのですが、ある時期から、確かに私は生徒に「哲学」、いや「哲学する」ことを教えることをライフワークにしてきたのだと思います。では、私が教えようとしてきた「哲学する」とはどのような行為なのでしょうか？　大学で「哲学」に違和感を感じて研究に挫折した私が、「哲学する」ことを教えることをライフワークとしたからには、哲学そのものについての考え方の変化、もしくは発見があったはずです。

＊

最近では「特殊詐欺」と言いますが、最初のうちは「オレオレ詐欺」と呼ばれていた犯罪があります。初めてその手口を聞いた時、私は「頭いいなぁ」と思いました。とても私には考えつかない方法です。しかし、次の瞬間、「そんなに頭が回るんだったら、もう少しましな頭の使い方しろよ」と思いました。その後、ＩＣＴを駆使し、人間心理を知り尽くした上で人をだます、いろいろ巧妙な手口の悪事を耳にするたびに、同様のことを思います。彼らは、とてもよく頭が回るのですが、それを自分が利益を得るためにしか使っていません。なぜか、自分がしたことによって他人がどのような思いを抱くことになるのか、という点については全然想像が及んでいない、もしくはそんなことはどうでもいいと考えているようです。

多くの政治家がやっていることも感心しません。国会議員には高学歴の人達がずらりと並び、もともと医師や弁護士といった高度な専門職を生業としていた人も珍しくないのですが、やっていることにしても説明の仕方、議論の仕方にしても、不可解だったり腹立たしかったりすることがよくあります。思えば、ロシアによるウクライナ侵略にしても、それを決定し指揮している人達は、とてもよく勉強が出来た「頭のいい」人達のはずです。それでも、他国を侵略し、人々の平和な生活を奪うことを悪いとは思っていないようです。

特殊詐欺にしても、政治家にしても、ロシアにしても、エゴとか思い込みとかに基づいて行動を決定し、それを実現させるために頭を働かせているわけです。

よく「自分の頭で考えろ」ということが言われます。しかし、自分の頭で考えただけではダメなのではないか？　頭を使い、それによって世の中を良くしていくためには、正しい頭の使い方というのがあるのではないか？　正しい頭の使い方を意識して身に付けなければ、決して正しい考え方は生まれてこないのではないか？　……私はそんなことを考えるようになりました。

特殊詐欺や政治に対する嫌悪感から考えると、「正しい頭の使い方」とは、自分の利益だけではなく、他人に対する思いやりを持って考えることだ、ということになります。しかし、それではなんだか当たり前すぎて、あまり重要な感じもしません。

それでも、彼らにはその「当たり前すぎて、あまり重要な感じもし」ないことが出来ていません。なぜでしょうか？　おそらく彼らは、今の自分の利益しか考えることが出来ていないと同時に、自分の考えが最善であると信じて疑っていないからです。そう思うと、「他人に対する思いやりを持って考えること」以上に、「自分の考えが正しいかどうかを問い直せること」というのは、「正しい」考え方をする上で非常に重要なものであることが分かります。

＊

そんなことを考えていた時、不思議と繰り返し頭に浮かんできたことがあります。古代ギリシャの哲学者ソクラテスに関する「無知の知」という有名な逸話です。後継者であるプラトンが『ソクラテスの弁明』という本で描いたよく知られた話で、高校の授業でも勉強するはずですが、念のため、その内容を確認しておきましょう。少し長い話なので、大切な点が解るように簡略化して紹介します。

ソクラテスの友人カイレフォンが、デルフォイの神殿で「ソクラテス以上の賢者がいるか？」と神託を求めたところ、「いない」という神の答えを得た。自分が決して賢明な人間ではないという自覚のあったソクラテスは、この話を聞いて当時アテナイで賢者と評価されていた人を次々と訪問し、対談を試みた。その結果、彼らは善についても美についても何も知っておらず、したがって決して賢者ではないということに気付いた。それによってソクラテスは、彼らは何も知らないのに何かを知っていると信じているのに対して、自分は何も知らないことを自覚している点で彼らよりも優れている、その意味で神託は正しいと納得するに至った。

なぜ私がこの逸話を思い出したかと言えば、第一に、ソクラテスは自分の正しさを疑うことができているからです。そして第二に、ソクラテスが追求しているのが「得（利益）」ではなく、「善」や「美」だからです。

「善」や「美」は、ひどく抽象的な価値です。しかし、実現を前提としない「善・美」が、果たしてあるでしょうか？　私には想像できません。しかも、ソクラテスは、行動的で実用性を重んじる人だったとも伝えられています。だとすれば、ソクラテスは、目下の「善・美」を疑い乗り越えることで、究極の「善・美」を探し求めると同時に、その実現についても思いを巡らせていたはずです。

もしかすると、これこそが「哲学する」ことなのではないか？　このような考え方は、私には実にしっくりとくるものでした。同時に、世の中で「哲学」と言われている過去の分析は、やはり「哲学」に過ぎないのだ、という確信が強まりました。

そうなると、哲学は絶対に「哲学する」という動詞でなければなりません。目の前で起こる様々な出来事に対して、最善の対応を取ろうと考えること、自分や他人が何かを（しようと）していることについては、それが本当に最善の選択なのかと問い直すこと、それが「哲学する」ということだ、というわけです。

人間はあらゆる場面で「哲学する」ことが求められていますが、最も大切なのは、この社会をどのようなものにしていくか決定する場面、すなわち政治です。好むと好まざるとに関係なく、私たちは政治の影響を受け、政治的決定の中でしか生きられないからです。しかも、民主主義社会において、主権者（有権者）は全ての政治的決定に責任を負っています。一部の誰かがすればいい、という問題ではありません。

すると、「哲学する」ことは大人なら誰でもできるものでなければなりません。従来の「哲学」でイメージされるような、アリストテレスやヘーゲルやサルトルを理解することは、たとえ翻訳や解説書を使ったとしても、誰にでもできることとは思えません。彼らの思想を理解することが「哲学」だとすれば、いつまでたっても「哲学」は「哲学」のままであって、現実とは何の関係もない、ということになってしまうでしょう。自己目的化した「哲学」は、一部の知的特権階級だけの机上の空論になってしまいます。「哲学」とはそういうものではないのではないか？　この時から、私は自分の教育活動のテーマとして「哲学する」ことを意識し始めました。

＊

「哲学」が「善」や「美」を探し求める活動だというのは、そもそも「善とは何か？」「美とは何か？」を考えるということです。しかし、実際の社会問題に即して「善」や「美」を追求するためには、いつまでもそんな抽象的な思索を続けているわけにはいきません。最終的に到達すべき「善」や「美」を設定しておいた上で、現実が果たしてそれらを実現させる方向に動いているのか？　と問い直すことの方が大切です。目標のようなもの（基準）がなければ、いいも悪いも考えようがありません。

そこで、とりあえず（とりあえず、ですよ）私の考えを示しておきます。それは「全ての人が幸せになること」です。そんなことは当たり前ではないか、などと言ってはいけません。「全ての人」とは、現在地球上に生きている「全ての人」であるだけでなく、将来に生きる「全ての人」をも含むとすれば、その幸せに思いを致すことはそうそう簡単ではありません。

また、そこで実現すべき「幸せ」とはどのような状態でしょうか？　私は、これまたとりあえず「生きていけること」だと考えます。誰かに殺される心配も、ご飯が食べられない心配もせず、家族仲良く生きていける……これまたレベルの低い話です。しかし、そのような幸せが手に入らない場所・時代は、人間の歴史の中にいくらでも見出すことができます。過去だけではありません。今でもです。

古来、人間はより多くの欲望を充足させることを「幸せ」の実現と感じてきました。技術の進歩によって、「生きていける」以上の幸せを手に入れられる、というのなら、それに越したことはありません。

ただし、その場合でも、「全ての人が」という条件を意識している必要があります。今の私に許されていること、今の私がやってよいことは、地球上のどこに住んでいる人にも、何百年後の人にも許される、やってよい、ということです。逆に言えば、私たちが何かをすることによって、遠くの誰か、何百年後かの誰かが制約を受けるようなことがあれば、それはやってはいけないことだ、ということになります。

例えば、化石燃料をたくさん消費すると、やがて人々は温暖化や資源の枯渇に苦しむことになります。異常気象やそれに起因する食糧不足で、生きる権利そのものが脅かされることにもなるでしょう。彼らが化石燃料を燃やさなくても、です。資源は必ず減少するので、彼らは化石燃料のメリットを享受することも出来ません。これらは、「全ての人が幸せになること」と矛盾します。

もちろん、数百年後の世の中なんて誰もはっきりとは見通すことなどできませんし、資源を一切使わずに生活しろと言われても無理な話です。それでも、できるかぎり（少なくとも100年？）時間的な射程を伸ばしていくことは必要です。

なぜ私が「善」を「全ての人が生きていけること」と考えるかと言えば、個人の価値に合理的な差を付けることが難しいからです。強い人間はいくら強くなってもかまわない、それによって誰かが虐げられたとしても、それは負ける側が弱いのだから仕方がない、全ては強弱で決まるのだ。それが対極にある考え方です。それはそれで、生き物の世界における一つの合理的な考え方でしょう。しかし、「盛者必衰」とも言われる通り、この世に永遠の繁栄はありません。現在、どんな栄華を誇っている人も、やがては必ず没落するのです。また、今の勢いで地球環境が悪化すれば、人間の社会そのものが行き詰まってしまいます。おそらく、勝ちを誇る強者も、自分の子孫が生き延びられなくてもいい、人間社会が100年後になくなってもかまわない、とは思わないでしょう。

そのように考えると、やはりどうしても、「全ての人が生きていられること」を「正しさ」の原点として設定しなければなりません。

＊

「哲学」が「Philosophy」の訳語であり、「Philo」は「愛する」、「sophy」は「知恵」の意味であるということは、高校の倫理の授業でも勉強することです。つまり、「哲学」とは「知恵を愛する」の意味です。そして、「知恵」とは自分の持っている知識を活用する能力です。知恵は柔軟な思考力によって獲得されるものですが、知識なしに考えることは出来ません。だとすれば、「知恵を愛する」は「知識を愛する」ことでもあります。

昔のヨーロッパで、「哲学」は「学問」とほとんど同じ意味で用いられていました。「哲学」は様々な学問の総称だったのです。言い換えれば、学問は全て「哲学」であり、学問をする人は全て哲学者だったのです。それが、時代が下るに従い、手に入れる知識の性質によって、物理学、数学、歴史学、経済学のような学問分野に分かれます。

実際、万有引力を発見したニュートン（1642~1727年）は、今でこそ天文学者、物理学者のように見られていますが、当時は「哲学者」とされていました。また、現在、博士号を「Ph.D」と表記するのは「Doctor of Phylosophy」の省略形で、医学博士、法学博士など、どんな分野で取得する博士号にも用いられます。医学博士は「Ph.D in Medicine」で、法学博士は「Ph.D in Law」です（他の表記も可能です）。そんな所に、総合学問としての「哲学」が生き残っています。ここで言う「哲学」は、知識の側面がかなり強いのではないでしょうか？

知識と知恵との関係をもう少し考えてみましょう。それは、知識や知恵を愛することと、「無知の知」から導き出される「哲学する」＝「善・美を目指して問い直す」という行為がどのように関係するかを考える、ということでもあります。

例えば、一人の子供がいたとします。右腕の所には水の入ったコップがあります。そこにお母さんがケーキを出しました。子供は大喜びでケーキに手を出しますが、その瞬間、肘でコップを倒してしまいました。よくある光景です。子供はなぜコップを倒してしまったのでしょうか？　それは、ケーキに気を取られすぎて、コップがあることを忘れてしまったからです。このことは、人間が正しく行動するためには、一つの物事に気を取られすぎるのではなく、広い範囲が見えていなければならないことを物語っています。ゴミのポイ捨てでも、騒音をまき散らすことでも同様です。

視野が狭い人は、独善的になる可能性が高い。世界の果てに住んでいる人も、数百年後に生きる人も、等しく幸せでいられるように考えようと思えば、空間的、時間的な視野の拡大が不可欠です。また、物事は様々な因果関係で成り立っています。再び温暖化の例を出すなら、化石燃料を燃やせば二酸化炭素が出る、二酸化炭素は温室効果ガスとして作用する、そもそも、温室効果という現象が存在する……。「温室効果」が発見されたのは19世紀の初め頃、二酸化炭素と温室効果との関連が初めて指摘されたのは19世紀末ですから、温暖化もそのメカニズムも産業革命が始まった18世紀半ばの人は知らなかったことです。知識を得たからこそ、私たちは気温が上がっていることの原因が分かり、今後がどうなるかということが予想でき、どうすべきかということも考えられるのです。

だから、「無知の知」に基づいて考えたような「哲学する」という行為を、より徹底的に、つまりはより一層正しく「善」にたどり着けるようにしようと思えば、知識は不可欠です。

どの知識が、どんな時に役に立つかは見当が付きません。別の言い方をすれば、どんな知識も必要になる可能性があるということであり、必要でない知識と必要な知識を予め判別することはできない、ということでもあります。だとすれば、ひたすら広く知識を集めようとすることは、「全ての人が幸せになる」方法を模索する行為の一部であり、まさしく「哲学する」ことなのだ、と言ってよいでしょう。「知恵を愛する」は「知識を愛する」ことでもあるのです。

*

「哲学する」とは「現状を疑うことによって本当の『善』を目指すこと」です。もう少しだけ具体的な方法として考えるなら、それは、次のような問いの組み合わせによって実現するのではないか、と私は考えています。

A：あらゆることについて「それは本当か？」と疑う。
B：どうすれば「得」か、ではなく、どうすることが「正しい」のか考える。
C：なぜそのようになるのか、原因・理由を考える。
D：「そもそも～とは何か（どういうことか）？」と、本来の意味や機能を考える。

これらは、必ずしも4つの別々の問いではありません。「哲学する」ことの4つの側面、と言ってよいでしょう。いずれも、思い込み（先入観や他人の意見）を排し、対象・問題をじっくり観察すると共に、時間的、空間的にできるだけ遠くへ向かって想像力を働かせながら行うことが必要です。時間的範囲を拡大するためには、極端を想定することが有効な方法論となります。考えるための知識を多く探し集めることの大切さも、言うまでもありません。

これらの問いを、具体的な問題に即してどのように使いこなし「哲学し」ていくかは、次章で見ていくことにしますが、その前に、「哲学する」というのがどのような考え方かを理解するためには、逆にどのような考え方が哲学的ではないのか、と考えてみるのもいいかもしれません。

目先の利益最優先は論外として、「哲学する」ことから最も遠い考え方として、「ご時世論」や「相対主義」があります。「ご時世論」とは、「時代の変化」を根拠に考えることです。よく「今はそんな時代じゃないんだから」とか「時代の流れから言えば」と言う人がいます。それです。「相対主義」とは、他人の顔色をうかがいながら、「みんながそう言っている（やっている）から」と考えることです。日本人の得意技です。

そもそも、時代の変化とは人々が選択した結果として生まれてくるものです。人々の選択は「本来どうあるべきか？」と「哲学し」た結果とは限りません。むしろ、目先の利益＝「もうかる」「楽」「便利」を追い求めた結果である場合が多いでしょう。それが世の中の流れとなり、その流れに合わせて動く人々を見ながら自分の行動を決めていくとすれば、「ご時世論」と「相対主義」は表裏一体、切っても切れない関係にある、ということになります。いずれにせよ、「時代」や「他人」は、「正しさ」の根拠にはなりません。何より、「ご時世論」を持ち出したり、「相対主義」的な考え方をする人は、世の中が間違った方向に動き始めた時に、それを正すどころか、その間違いに気付くことさえできないはずです。

人間は人からほめられることが大好きで、低く評価されることを恐れる生き物です。戦時中の人々の姿などを見てみるとよく分かりますが、時代の流れに沿って、過激な方向に物事を推し進めようとすれば、とても前向き、積極的で強い人間に見えます。一方、逆の方向に進もうとすれば、後ろ向きで消極的な弱い人間に見られかねません。頑張っている人のやる気をそぐと言って批判されることもあるでしょう。「ご時世論」「相対主義」の立場に立つ人は、自分が後ろ向き、消極的な人間だと評価されるのが嫌で、間違った流れを加速させる方向に動きがちです。一方、「哲学する」人は、そういう流れを疑い、問い直しますから、間違った世の中を正しい方向に引き戻すことができるかもしれません。しかし、その時には、非常に後ろ向きで消極的、面倒くさいやつと見られることを覚悟しなければなりません。

古代ローマ帝国の皇帝カエサルは、「人は見たいと思う現実しか見ない」と言ったそうです。「見たいと思う現実しか見ない」ということは、「不都合なことからは目を背ける」ということでもあります。それもまた「哲学する」ことから非常に遠い態度です。「哲学する」人は、都合のいいことも悪いことも含め、ありのままに物事を見つめることによって、理想を探し求めることが可能になります。そもそも「知を愛する」と言う場合の「知」は、不都合な「知」をも含むのです。

＊

今は「哲学ブーム」だそうです。先の見通せない混迷の時代にあって、それを生き抜くための手がかりを得ようと、人は「哲学」に期待しているのでしょう。確かに、ちまたにはタイトルに「哲学」

を含む本があふれています。「哲学」を「哲学する」という動詞で考えるべきだという主張も、別に私のオリジナルではなく、ほとんどありふれていると言ってよいほどです。

では、なぜ私はこんな本を書いているのでしょうか？　この本と他の哲学書との違いは何なのでしょうか？　ここまでをしっかり読んでくださった方には既にお分かりのはずですが、大切なことなので確認しておきましょう。それは2点あります。

一つは、哲学を抽象的な課題ではなく、現実社会の具体的問題に即して行う、という点です。例えば、「政治とは何か？」というのは抽象的な問いです。一方、「来年度予算をどうすべきか？」というのは具体的な問いです。後者は、予算が決まってしまえば「賞味期限切れ」になってしまうこともあって、一般的な哲学者は話題にしません。

しかし、「来年度予算をどうすべきか？」考えるためには、「そもそも政治とは何か？」から始まって、「政府は国民の生活にどこまで関わるべきか？」「各分野のバランスをどうすべきか？」といった多くの問いを重ねていく必要がありますし、社会全体についてのあらゆる知識を総動員する必要もあります。すると、それもまた立派な哲学的問いです。

そういう思考は、哲学者よりも、政治家やジャーナリスト、評論家といった人々が多かれ少なかれ試みているはずです。その中には、私が実に的確に「哲学」していると感じるものも少なくありません。有力者の発言や政治における多数勢力、一般に「常識」とされるものに反することを書いた書物には、哲学的なものが多いようです。当たり前です。何も考えずに生きていれば、それらには流されるのが当たり前なので、それらに逆らうためには、哲学的な思考力（＝視野を広くして「本当かな？」と問い直す力）が絶対に必要だからです。ただ、彼らがそのような頭の使い方を「哲学」として主張しないだけです。私はこの本の中で、それをあえて「哲学」、あるいは「哲学する」という方法論として提示しました。多くの方々に「哲学」を実用的な精神活動として理解し、実践できるようにして欲しい、と願うわけです。そのためには、やはり現実社会の具体的問題に即して考えてみるのがいいはずです。

もう一つは、過去の哲学者との関係です。これより先、哲学者の名前はほとんど登場しません。彼らの言説に価値がないわけではありません。それらは優れた能力を持つ人たちによる深い思索の結果であり、理解できるのであればそれに越したことはないでしょう。しかし、「哲学」は平々凡々な一般庶民を含めた全ての人が行うことのできる、そして行うべき精神活動です。過去の哲学者の言説は、必要を感じた時に、必要を感じた分だけ勉強し、自分が理解できる範囲でその言葉や考え方を利用させてもらえば十分なのです。

これら2点において、本書は他の哲学書とはかなり趣の違ったものになっています。

各論編　実際に「哲学する」と世の中はどう見えるか？

この編に収めるのは、私がこれまで「現実社会の具体的問題」について書いてきた文章の一部です。もちろん、それは政治に関するものが中心となります。

私が書いた文章は内容が多岐にわたりますし、どちらかというと芸術・文学に関するものや回想にお気に入りが多く含まれます。一方、政治的な問題は、立場や価値観の対立に関わることから、トラブルの元になりかねません。

にもかかわらず、私があえてそのような選択をしたのは、総論編に書いた通り、「哲学する」ことが最も実用的に力を発揮するのがそれらの分野だからですが、現在の社会状況に対して、私がとても強い危機感を持っているからでもあります。

また、なぜ本書のために書き下ろさず、過去の文章を載せるのか？　それはこの本が、私が哲学した「結果」ではなく、どのように「哲学」したかを伝えるためのものだからであり、その作業はその時その時の出来事を受けて行われているからです。

私は、これらの文章を通して、読者の皆さんに同意を求めたり、結論を押し付けたりするつもりはありません。読者の皆さんには、私がどのように考えているかを読み取ると同時に、「平居はこう言うが、それは本当だろうか?」と疑いながら読んでいただきたいと思います。それでこそ、実践的に「哲学する」ことのヒントとして、この本は機能するはずです。

文章のほとんどは、ブログ「Tr,平居の月曜プリント」(Tr,はTeacherの省略形ですが、私のオリジナルであって、一般に通用するものではありません)で公開してきたものです(本書の出版により、元の文章はブログから削除しました)。一般紙や学級通信などから転載した部分については、その前後にその旨書いてあります。

不適切な表現を改めると共に、リンクが張ってあったり、発表当時は誰にでも状況が分かっていたが、今読むと何を問題にしているのか分からない、といった文章については、問題とその背景が分かるよう、かなり大きく手を加えてあります。(補足)とあるのは、今回、書籍化のために書き加えた説明部分です。

また、おおよその内容によって章を設定してありますが、そのような枠があった方が読みやすいだろうという配慮によるものであって、実際には、それほど明瞭に分けられるものではありません。少しメリハリを付けて読むための補助的な仕掛け、という程度に理解してください。

では、世の中の様々な問題について、一緒に「哲学」してみましょう。

第1章　法と政治制度をめぐって

荒れ野の70年（2015年2月4日）

統一ドイツの初代大統領、リヒャルト・フォン・ヴァイツゼッカーの訃報が新聞各紙に載ったのは、今月1日のことだった。94歳。

おそらくは他の多くの人と同じように、私も1985年5月8日、ドイツの敗戦40周年を記念した連邦議会における講演で、この人のことを知った。訃報や、年齢が年齢だけにあらかじめ用意されていたと思しき新聞記事としての「評伝」に目を通した後、我が家の書架から岩波ブックレット『荒れ野の40年――ヴァイツゼッカー大統領演説全文』（1986年）というのを探してきて、久しぶりで読み直してみた。一国の元首の演説として、確かに優れたものだと改めて思った。

一般には、第3節に登場する「過去に目を閉ざす者は、結局のところ現在にも盲目となります」という部分ばかりが評価されるが、私はむしろ、ＩＳの問題を始めとする国内外の出来事を念頭に、演説の最後の部分がひときわ印象深かった。


ヒトラーは、偏見と憎悪と敵意とをかきたてつづけることに腐心しておりました。

若い人たちにお願いしたい。

他の人々に対する敵意や憎悪に駆り立てられることのないようにしていただきたい。

（中略）

若い人たちは、たがいに敵対するのではなく、たがいに手をとり合って生きていくことを学んでいただきたい。

民主的に選ばれたわれわれ政治家にもこのことを肝に銘じさせてくれる諸君であってほしい。

そして範を示してほしい。

自由を尊重しよう。平和のために尽力しよう。法を遵守しよう。正義については内面の規範に従おう。

今日5月8日にさいし、能うかぎり真実を直視しようではありませんか。


前段を読んで私の頭にまず思い浮かんだのは、某政令指定都市の長が民衆に敵（主に公務員？）を示し、それに立ち向かう正義の味方として自分を演出しながら、政治家としての立場を強めようとしていることだ。暗いやり方だが、なるほど、ヒトラーの流れを汲むわけだ。

後段、「正義については内面の規範に従おう」は意味深い言葉である。毎日新聞に載った「評伝」には、氏が大統領執務室に、いつも哲学者カントのミニチュア像を置き、記者に対し「特にカントは読んで欲しい。（中略）最近は政治家もカントを読まないのが気になる」と寂しげにつぶやいたことが記されている。

私はカントの思想には明るくないが、それでも、高校のレベルの知識として、「ああ、いかに感嘆しても感嘆しきれぬものは、天上の星の輝きと我が心の内なる道徳律」という言葉くらいは知っている。ヴァイツゼッカー氏が、「法を遵守しよう」に続けて、「正義については内面の規範に従おう」と語ったのは、正義は外から与えられるものではない、それを獲得するための手段は、（カントが言うように）先天的に全ての人に内在している「道徳律（規範、良心）」によるのだ、人々がそれに従った結果として生まれてくる正義によってでなければ、本当の社会的正義も実現しない、法はあくまでも現実的要請から生まれた経過措置に過ぎない、ということだったのではないか。

おそらく、氏が「過去に目を閉ざす者は、結局のところ現在にも盲目となります」と語り、真摯に過去を直視しようとしたのも、彼の「内面の規範」が、彼にそうすることを求めたからであって、外在的な力が彼にそうすることを強いたからではない。彼の言葉が大きな力を持ったとすれば、それは内容よりも、言葉にこめられたそのような根源的な衝動によるのではないかと思う。同じことを語っても、その言葉は、他人を動かす場合と動かさない場合とがあるのである。

氏がこの演説をしてから、更に30年の歳月が過ぎた。世界の現実は、決して彼が望んだような、多くの人々の内面の規範に支えられた本当の正義に満ちてきてはいない。だが、人の上に立つ者は、法や武力によって現実的対応に心を砕く一方で、彼が語ったような理想を追い求める必要がある。その価値は、いささかも減じていない。そのことを心に留めようと思う。

憲法改正論私見（2013年5月2日）

首相は、まず憲法第96条を改正し、憲法改正の発議要件を3分の2から2分の1に引き下げ、その後で、国防軍の創設を始めとする本丸に手を付けるという2段階改憲論を強く訴えるようになっている。最近「第96条」という言葉を耳にしない日はない。

第96条　この憲法の改正は、各議院の総議員の3分の2以上の賛成で、国会が、これを発議し、国民に提案してその承認を経なければならない。この承認は、特別の国民投票又は国会の定める選挙の際行われる投票において、その過半数の賛成を必要とする。（以下略）

国会で「安定多数」若しくは「絶対安定多数」を確保することが難しい現状で、発議に3分の2の賛成を求めるハードルは高い。「硬性憲法」と言われるゆえんである。最後のハードルである国民投票だって、たかだか5年ほど前に法制化されたばかりである。

しかし、憲法が、権力に縛りをかけ、国民の自由・権利が脅かされないようにするためのものであること（第99条）を考えると、憲法は「硬性」であるに越したことはなく、権力を握る国会議員が、自分たちの縛りを解くために、安易に改正発議を繰り返すようでは困るのである。

こんな時持ち出されるのが、これほど憲法を改正していない国は日本くらいですよ、外国には何度も改正している国が少なくありませんよ、という論理である。2月28日の読売新聞に「憲法考　発議要件（1）」という記事が載り、見出しが「改正『世界では当たり前』」となっているのを見た時、私は「来た、来た」と思った。時期についての記憶が定かでないが、委員会答弁だったか党首討論でだったか、首相も、外国の憲法改正回数を引き合いに出しながら、日本だけが戦後一度も改正をしていない、と訴えていた。読売は、第2次世界大戦後だけを考えても、アメリカは6回、フランスは27回、イタリアは15回、カナダは18回、デンマークは1回、お隣の韓国は9回、そしてドイツに至っては、なんと59回も改正していることを紹介し、改憲派の論客・西修氏の「（憲法を一度も改正していないのは）異様、異例、異常だ」という言葉を載せている。しかし、いいものは残せばよいに違いなく、憲法がいいか悪いかの議論を横に置いておいて、「他が変えたから」というのは変な話だ。

先日、同僚が「平居先生、これ面白いよ」と言って、早坂隆『世界の日本人ジョーク集』（中公新書ラクレ、2006年）という本を貸してくれた。その中で、次の話は特によくできたものであると感心した。

ある豪華客船が航海の最中に沈みだした。船長は乗客たちに速やかに船から脱出して海に飛び込むように、指示しなければならなかった。

船長は、それぞれの外国人乗客にこう言った。

アメリカ人には「飛び込めばあなたは英雄ですよ」

イギリス人には「飛び込めばあなたは紳士です」

ドイツ人には「飛び込むのがこの船の規則となっています」

イタリア人には「飛び込むと女性にもてますよ」

フランス人には「飛び込まないで下さい」

日本人には「みんな飛び込んでいますよ」

他の国の国民性について云々言う資格はないと思われるので発言を控えるが、日本人については、正に的を得た指摘であるように思う。日本人は確かに、何が正しいかを掘り下げて考えることが苦手で、周りの顔色を伺いながら、相対的に物事を決定しようとする傾向が非常に強い民族なのではないだろうか？　正しさよりも、その場の円満解決を求める、と言ってもよいだろう。そんな日本人にとって、「他の国は何度も変えているんですよ」という言葉は、なんと心揺さぶられるものであろうか。正当性や理念がなくても人の心を強く動かすというのは、憲法の縛りをうっとうしく思う政治家にとって、実に都合のよい言葉である。

戦後1〜59回憲法を改正している国々の改正要件は、決して低いハードルではない。イタリアのように各議院の過半数賛成が第1ハードルという国もあるにはあるが、例えば韓国は、日本と同様に国会の3分の2＋国民投票だし、「憲法考（1）」で改正回数が最多とされたドイツは、両議院それぞれで3分の2以上だ。国民的合意を上手く形成しているから改正を果たしたのであろう。そのことに触れず、何回改正したという部分だけを強調して訴えるのはズルい。とにかく憲法を変えたい、ただただその思いだけが見えてくる。そうして実現する改正が、いい方向性を持つものであるわけがない。必要なのは、本来どうあるべきか、といういわば「絶対的思考」である。憲法は、社会状況がどんなに変わってもこれだけは変えてはいけないという、国の最も大切な原理原則なので、憲法と現実の間にずれがある場合、よほどのことがない限り、変えるべきは現実の側であるはずだ。

憲法を生んだ理想主義
――ベアテ・シロタ・ゴードンの訃報に接して（2013年1月3日）

今日の新聞で、ベアテ・シロタ・ゴードンの死が伝えられた。昭和を代表するピアニスト園田高弘を育てたロシア出身のピアニスト、レオ・シロタの娘。89歳。ただし、彼女が有名なのは、レオ・シロタの娘という理由ではなく、一人のアメリカ人として、現行日本国憲法の起草に関わり、特に女性の地位と権利についての条項を書いたからである。優れた語学力の持ち主で、幼い頃に10年間過ごした日本の言葉や、生まれた国オーストリアのドイツ語、父の祖国のロシア語など、6カ国語を自由自在に操った。彼女がGHQに採用され、憲法草案の起草に関わったのも、そのことと関係する。

10年近く前、講演のために仙台に来た。私は何かの事情で行けなかったが、その機会にと、自伝『1945年のクリスマス――日本国憲法に「男女平等」を書いた女性の自伝』（柏書房、1995年）を読んだ。

日本が提示した憲法草案があまりにも稚拙であったために、マッカーサーはGHQ草案を作って日本側に示そうと、たった1週間での草案作りを部下に命じた。彼女の自伝には、緊張に満ちた、憲法草案作りの場面が大変よく描かれている。彼女はその場の雰囲気を、次のように述べる。

> 戦勝国の軍人が、支配する敗戦国の法律《ママ》を、自分たちに都合よくつくるのだなどという傲慢な雰囲気はなかった。自分たちの理想国家をつくる、といった夢に夢中になっていた舞台だったような気がしている。

確かにそうだろう。アメリカ人だって、決して政治や社会に対して何の不満もなく生きていていたわけではないはずだが、既にシステムとして完成し機能している自分の国に手を加えることは難しい。日本の社会をゼロから作るという時に、そこに自分たちの夢を投影させたくなるのは自然である。理想的民主主義、国際平和主義への憧れが、GHQ草案を作った人たちの中には間違いなくあった。

彼女は、日本で見た「男性の後をうつむき加減に歩く女性」「子供が生まれないというだけで離婚させられる女性」「法律的には、財産権もない女性」「子供と成人男性の中間的存在でしかない日本女性」の姿を念頭に、「これを何とかしなければいけない」「女性の権利をはっきり掲げなければならない」との思いで、仕事に没頭する。結果として、彼女が憲法に盛り込もうとした具体的規定の多くは、憲法というものの性質を考慮して削除され、理念の柱とも言うべき部分だけが今のような形で生き残った。

草案を日本語に直すに当たって、「日本流の術語を使うように」という指示に、彼女は「人権という概念の無い日本に、日本式の術語でどれだけ豊かな表現が出来るか？　自信など持てそうにもない。」と述べる。ここにも当時の日本の状況がよく表れている。

討議を行わせ、質疑にも応じるが、最終的にGHQは、この草案を受け入れれば天皇は安泰だ（＝受け入れなければ天皇の存在は保証出来ない）、というようなことを言って、日本側に草案を呑ませる。彼女も、それは「日本側にとっては脅迫に近いものだった」と書いている。

憲法が問題になるたびに、いわゆるタカ派的な人たちは、それが「押しつけ憲法」であると批判する。上のような「脅迫」を経ているとすれば、それは決して嘘ではない。しかし、当時の日本に自由と平等に立脚した民主的な憲法を作る能力があったかと言えば、おそらくその能力はなかった。日本はこの憲法から、戦後非常に多くのものを得てきたと思う。戦後67年を経て、社会（国民）が成熟したから、改めてより高い次元の憲法を作ろうと改憲が叫ばれるかと言えば、これまたそうではない。

むしろ、夜郎自大の貧しい心性を持つか、戦前を引きずり、民主主義について真面目に考えていない人が、憲法の精神に追いつくところまで成長出来ないままに、現行憲法を「押しつけ」を口実として排除しようとしているように見える。

現行憲法とその成立の舞台裏には、ベアテが描いたような若々しい理想主義があるのであり、今私たちが為すべきは、心を真っ白にしてそのような原点に立ち返り、憲法の精神を我がものにするという作業ではないだろうか。それが出来て初めて、改正を口にすることが許される。生まれた時から、様々な権利が当たり前のものとしてあると疑わず、その恩恵をありがたく思うことすらない日常に忸怩たる思いを抱きつつ、ベアテ・シロタ・ゴードンの生涯に思いを馳せたい。

規則の守り方、守らせ方（2017年1月26日）

ふと思い出した。冬休み中、警察に捕まったのである。

家族で車に乗っていて、高速道路の料金所、ＥＴＣのゲートを通過した瞬間、立っていた警察官が素早く反応し、車をすぐそばの駐車スペースに入れろと誘導する。何の心当たりもなかったので、何事か？　うざいなぁ、と思いながら、指示を無視するわけにもいかず（権力は非常に怖いのである）、車を止めた。近寄ってきた警官は、私が窓を開けると「あっ、平居先生‼　お久しぶりです。」とにこやかに言う。見れば、かつて勤務していた高校の某部活で面倒を見たＴではないか。卒業後15年以上、一度として会ったことはなく、年賀状やメールをもらったこともない。

とは言え、警官が「恩師」を見つけて、挨拶をしようと車を強制的に止めさせるなどということがあるわけがない。そもそも、私に止まれの指示をした警官と、止めた車に近寄ってきた警官は別だ。Tは「後部座席のシートベルト着用義務違反で1点減点になります」と涼しい顔で言う。くそっ。一昔前なら、「先生、注意して下さいよ」くらいで無罪放免ということもあったかも知れないが、なにしろ世知がらい世の中である。捕まえた相手が「恩師」であるが故に、規則通りの手続きを取らなかったことが世間に知られた日には、どれくらい激しいバッシングが警察を襲うか分からない。Tとしても切符は切らないわけにはいかなかっただろう。

だが、やはり不満は残る。不満の理由は、教え子に捕まったということではなく、そもそも、どうしてこんな規則があるのか、軽微な処分とは言え、そんなこととする必要などあるのか？　という根源的な疑問によっている。

例えば、携帯電話でメールを打ちながらの運転、信号無視、スピード違反といったものは、他人を危険に巻き込む恐れがある。だから、取り締まることも必要かも知れない（↑あくまでも「かも知れない」）。だが、シートベルト着用義務違反は、違反をしている本人にとって危険が増すだけで、誰に迷惑をかけるわけでもない。こういう規則は取り締まる必要が無い。不幸にして事故を起こして怪我をした場合、シートベルトを着用していなかった人には、保険金を割り引いて払うといったペナルティの科し方が妥当だ。もらい事故でも、慰謝料、賠償金の割引はあってよい。死んでも「致傷」にするといった法的責任の割引もアリだ。今回のような予防的・強権的な手法は、まったく余計なお世話なのである。予防は常に過剰になる傾向を持つ。

更に思い出した。昨秋のある日、私は自転車で市内に出かけ、ある信号機付き交差点にさしかかった。この日、東西に走る道路はイベントが行われていて、自動車通行止めになっていた。ところが、信号機はいつもと同じように動いている。最近よく見る歩車分離式の信号機だ。東西の自動車用信号が青で、それ以外は赤であった。東西には車が絶対に走らないのだから、歩行者は、歩行者用信号が赤でも自由に渡ってよいであろう。ところが、そこにいた60代半ばと思しき交通指導員は、歩行者用信号機が赤だという理由で歩行者を止めていた。私は、かまうものか、と思って、そのまま通過しようとした。そうしたところ、交通指導員に「信号赤ですよ！」とかなりきつく叱責され、棒で制止されたのである。

「ふざけるな！」と怒鳴りつけたくなったが、私は、そこでトラブルを起こすのも面倒なので、やむを得ず自転車を止めた。私が腹を立てる理由を、その交通指導員に分かるまでとことん説明するのが正しいことだとは思ったが、その交通指導員が私の言葉を理解できるとはとても思えない。目の前の交差点では、南北の自動車と東西・南北の歩行者、要するに全員が、絶対に誰も通るはずのない交差点を見つめながら、じっと歩行者用信号が青になるのを待っていた。日本人って従順だなぁ。

困ったことだ。確かに、規則は規則だという立場から言えば、信号を守らせようとした指導員は間違ったことをしていない。だが、やはり間違っているのである。規則は守るためにあるわけではなく、世の中を円滑にするためにある。杓子定規に規則を守ろうとする精神は、規則さえ守っていれば何をしてもいいという発想と紙一重だし、今ある規則の是非を考えることも出来ないだろう。

サッカーやバスケットボールの審判は偉い。彼らは、全てのファウルに笛を吹いたりしない。そんなことをしたら、試合の流れが失われ、ファウルをされた側もプレーをしにくいという状況が生じてしまう。だから、ファウルをされた側が不利になってはならない、という原則をしっかりと守り、アドバンテージを取った上でプレーを続行させたり、見逃したりするのである。世の中で規則を運用し、管理している人間は、そのやり方をこそ学ばなければならない。

失うものの方が大きい——明石事件の強制起訴（2010年4月27日）

先週の火曜日、2001年7月に兵庫県明石市の歩道橋で、花火見物の人々によって引き起こされた群衆雪崩事故（死亡11名、けが183名）について、当時の明石警察署副署長が、市民からなる検察審査会の決議に基づき強制起訴されたというニュースが流れた。もともと神戸地方検察庁が不起訴処分にしたものを、遺族からの申し立てによって、審査会が審査の結果、起訴すべきとの議決をしたという。

「被害者」には申し訳ないが、私は最近、何か事故が起こった時、誰かに責任を求め、そこに怒りをぶつけないと気が済まない、という風潮がどんどん強まっている（マスメディアの発達と関係するだろう）ような気がして、それを非常に危惧している。その気持ちは分からなくもない。しかし、「被害者」の感情に従うことは正義とは関係がない。むしろ、その弊害は深刻だと思う。

歩道橋が混雑して危ないと思えば、近づかずに、少し待っていればよいのだ。あまり人を押せば、危険な状況を生み、誰かが痛い目に遭うという思いやりを持てばよいのだ。人間には、本来そのようなことを考え、判断する能力が備わっていると思う。

そのような人間の危機管理能力を健全に維持するためには、人々が常に周囲の状況から自分の取るべき行動を決定せざるを得ない状況を作っておく必要がある。すると、時々は今回のような事故が起きるかも知れない。だが、その事故で失うものよりも、得られるものの方が社会全体として考えた時は大きい。今回の事故の責任者はその場にいた人々全てである。「被害者」だって、たまたま「被害者」になっただけであって、その差は紙一重。他の人を押しつぶしていた可能性だって十分にあっただろう。

「安全」を警察任せにすることは、そのような人間の本来持つ能力を自ら退化させることになる。警察が何も言わないからこの場は安全だ、などというのは倒錯である。

警察は因果と対象のはっきりしている事件にだけ関わっていれば十分だ。警察が公衆の行為に責任を持つことを求めることは、警察が公衆の行為に介入することを積極的に求めることである。警察の責任追及をすることで、警察が際限なく（予防的措置というのは際限なく過剰になるという性質を持つ）私達の日常生活に介入してくることになるのは、私は嫌だ。今回の強制起訴が「市民の良識の勝利だ」などとした某弁護士のコメントは、責任の押し付け先が見つかればそれで安心するという今の風潮を象徴しているだけで、「良識」であるはずがない。市民にそれほど立派な「良識」があるなら、歩道橋に、死者が出るほど我先に押し寄せたりしないはずなのである。亡くなったのも、歩道橋に押し寄せて人を押しつぶしたのも、おそらくはどちらも普通の「市民」である。

このような不特定多数による事件については、警察の責任を追及するのではなく、その場にいて無事だった人々が自らの責任に頭を垂れ、世の中の人々全てが「みんなで気をつけよう」と呼びかけあうのが正しいやり方だろう。

「民意」を盾にするのは危険である（2008年12月23日）

（補足）宮城県において、もともと旧制中学校、高等女学校だった高校は、戦後も長く男女別学だった。ところが、1999年に宮城県は、それらの高校をすべて共学化すると発表した。多くの高校でそれに対する激しい反発が起こったが、特に激しく最後まで反対運動が続いていたのが、当時私が勤務していた仙台第一高等学校（一高）だった。結局、一高も2010年に共学化され、宮城県の県立高校に別学校はなくなった。以下は私が学級通信において生徒に語ったことである。

「先々週から、一律共学化断固反対委員会によるデモを挟み、先週にかけて、一高内で「民意」という言葉をよく耳にした。一律共学化に反対する人が70％余りいる、というのが県民世論（民意）で、だから一律共学化は強行すべきでない、ということだ。

共学化の是非はさておき、この「民意」の使い方はとても危険だ。

民意の反映といえば、民主主義の基本のようで聞こえはいいが、なぜ日本を始めとするおそらくは全ての民主主義国家が、直接民主制ではなく間接民主制を取っているかと言えば、それは、人口が増えすぎた結果、直接民主制が物理的に実行不可能になったからというだけではなく、質の高い政治を行うためには、選挙で選ばれたリーダーが大局的な見地から政策を決定した方がより一層よい、と考えられるからだ。

つまり、民主的であるためには、民意が反映されることが必要だが、リーダーが民意に反する提言をし、各自の利益に左右されがちな人々を説得し、全体にとってより有利な方向へと統合してゆくことも必要で、それによって初めて、次元の高い意志決定が出来ると考える。「民意（と一般に言うのは、世論調査のデータであろう）」は、質問の仕方（表現や時期）によってずいぶん違った結果になってしまうことにも注意が必要だ。

「民意」を盾にすれば、その逆、すなわち、自分の意見が「民意」と一致しない時には、無条件で白旗を揚げる覚悟が必要だ。大切なのは「どうあるべきか」という理念である。理念をしっかり考えること。ここを抜きにして「民意」を振りかざせば、それは民主主義ではなく、衆愚政治に過ぎない。」

議論してよい問題と悪い問題（２０１５年10月４日）

9月28日付け毎日新聞の「くらしナビ・学ぶ」欄にあった「主権者教育　提言の趣旨は」という大きな記事がひどく気になった。そこでは、自民党と民主党の2人の人物が、記者のインタビューに答える形で、選挙年齢が18歳に引き下げられることに伴う高校での主権者教育や、それに対する政治的対応についての見解を述べている。党としてと個人としての両方がやや入り交じった感じの見解だ。自民党代表は文部科学部会長T氏である。その中に、次のような問答がある（Qは記者、AはT氏）。

Q：教員が萎縮せずに主権者教育を進めるため、副教材の配付以外の手立ても検討すべきではないですか？

A：生徒が興味を持って討論できそうなテーマをマスコミも含めて考えてくれれば参考になります。例えば、身近なものでは同性婚を認めるかなどがある。安保論争などは国が決めることで、大きな流れは決まっているから、あまりそぐわないかもしれませんね。

この部分について、その後反響があったという話は聞かない。これがなぜ大問題にならないのだろう？　これによれば、政治的問題には、高校生が議論してよい性質のものと、悪い性質のものがある。

前者の代表は同性婚、後者の代表は安保法制だ。しかも、安保は「国が決めることで、大きな流れは決まっている」とある。つまり、高校生というよりも、国民が口を出す性質のものではなく、「大きな流れ」すなわち決定の方向性は、国民の意見には関係なく予め決まっている、と堂々と言う。

私がかつて勤務していた仙台一高は、県から共学化の方針が示された後、最後まで反対運動を続けた学校だった。学内集会のみならず、仙台市内の繁華街でのデモ行進、教育委員会への意見書提出などの動きがあった。

私はそれを見ながら、これは共学化問題だから許されるんだよな、入学式や卒業式に日の丸・君が代を持ち込むな、という話であれば、間違いなく潰されるだろう、場合によっては、教員の監督責任が問われたり、煽動の嫌疑が掛けられて処分ということもあり得るな、と思っていた。県からどのような指示や注意があったわけでもない。私が直感でそう思ったに過ぎないが、それは絶対に間違いのないことと確信できる。どうやら世の中には、議論が許されることと許されないことがあるらしいのである。今回の記事は、それが私の直感ではなく事実であることを露骨に示してくれている。

もちろん、そんなことが許されていい訳がない。民主主義国家において、あらゆる問題は国民の意見に基づいて決定されるべきであり、そのためには自由な情報交換と議論（言論・表現の自由）とが、何の曖昧さもなく許されていなければならない。そのことを否定するが如き発言は民主主義の否定に等しく、言語道断である。「予め決まっている」などというのも、あってはならない話だ。

なぜ、議論の許されない問題などというものがあるのだろうか？　容易に考えつくのは、それが政府・与党にとって重要な、つまりは譲れない問題だということだ。安保法制や日の丸・君が代がその典型であるが、後者のようにイデオロギー性（感情的）を帯びている場合も多い。

戦前の日本は、どのようにして先の戦争に突入していったのか。政治学者の丸山真男は、敗戦直後に執筆した論文で喝破している。「何となく何物かに押されつつ、ずるずると」。これは驚くべき事態だ、と。（9月26日「天声人語」）

これを読み流すことも、笑うこともできない。70年後を生きる日本人も、確かに、何となく空気を読みながら生きている。だが、それがいかに危険なことであるかというのは太平洋戦争の教訓である。T氏の発言から、国民が議論していい問題と悪い問題を嗅ぎ分け、後者には触れないでおこうという雰囲気が生じたら……？　それはやがて国民自身の首を絞めることになるだろう。そのような「空気」、そして「空気」を読みながら無難に生きようとする自分とは、真剣に闘わなければ。

統一教会問題より大切なこと（2022年8月22日）

今朝の毎日新聞1面トップは、内閣支持率が16ポイントも急落し36％にまで落ち込んだ、というものであった。毎日新聞と社会調査研究センターによる世論調査だ。記事では、「内閣改造後の調査で、支持率が改造前より低下するのは異例」とコメントしている。

毎日新聞の分析によれば、今回の内閣支持率下落の要因は、統一教会問題なのだそうだ。しかし、仮にそれが支持率急落の原因としては正しい分析だったとしても、それが本当に現政権の最大の問題かと言えば、私はそうは思わない。現在の最大の問題は、野党が臨時国会の開会を要請したにもかかわらず、それに応じようとしないことである。

日本国憲法第53条後段には、「いづれかの議院の総議員の4分の1以上の要求があれば、内閣はその召集を決定しなければならない」と書かれている。明らかに義務の規定だ。だが、要求があってから何日以内に、ということが書かれていない。そこで、与党はぬらりくらりと逃げまわる。今回も、当面は臨時国会を開催する気がないらしい。

こういうのを、「法の精神を考えない」というのである。規則は、その条文自体に価値があるのではなく、運用によって具体化しなければ意味がなく、運用する時の解釈は、その規則を作った時の意図（精神）に基づいて考えられなければならない。

どう考えても、書いていないというのは「いつでもいい」ということではなく、「すぐに」の意味だ。臨時国会の召集を求める議員は、目の前に国会の開会を必要とするほどの緊急案件がある、と判断しているわけだし、いつでもいいのであれば、「次の通常国会の時に議論しましょう」が許されることになり、規定の意味がなくなるからだ。

思えば、臨時国会の召集を求められた時に、国会を開催しないという悪しき前例を作ったのは、安倍内閣だったのではないか？　２０１７年に、期限の定めがないのをいいことに、野党の要求を３ヶ月間も放置し、ようやく開いた臨時国会の冒頭で衆議院の解散を宣言したため、実質的には国会を開催しないのと同じになった、というやり方だ。その解散権も、「法の精神を考えない」恣意的な運用が目に余る。民意を問うという形式的な大義名分は立てるものの、実際には自分たちが勝てるタイミングを見計らって解散する。これも、なりふり構わぬ恣意的運用となったのは、安倍政権においてだったと思う。

安倍政権の「罪」は、民主主義を骨抜きにしたことだということがよく言われる。本当にその通りだ。そして、よいことはなかなか行われず、行われても長続きしないのに、悪しき前例は確実に受け継がれ、ますます「法の精神」は忘れられていく。今や、「法の精神」が忘れられただけでなく、それを考えることの必要性自体が忘れられている。このことの深刻さに比べれば、統一教会問題なんて、しょせん各論部分における悪であって、可愛いものである。

世論調査のやり方（質問内容）の問題もあるのだろうけど、統一教会で支持率が下がったくらいでは、内閣にとって致命的な事態ではない。民主主義を骨抜きにされてしまうと、間違った世の中を回復させることがいかに困難となることか。今のロシアなんか、その前例に近いのだが……。

「正しい」解散（２０２４年６月12日）

欧州議会で右翼的政党が躍進したというニュースは、各所で大きく報道されている。私にはよく分かっていないのだが、「右翼」とは、「自国第一主義」を訴え、移民の受け入れに批判的だという点に、その特徴がよく表れているらしい。

そんな中、フランスのマクロン大統領が国民議会（下院）を解散した。欧州議会選挙で、自らが率いる与党連合が、ルペン氏率いる右派・国民連合（ＲＮ）の半分の得票数しか得られなかったことに危機感を感じたからだ、という。

このまま右派政党が勢力を伸ばすことは非常に危険だ、下院選挙を通してそのことを訴え、右傾化の流れを食い止めたい。そんな思いがあるようだ。しかし、マクロン政権の支持率は30％前後で推移しており、下院選挙で勝てる保証がないどころか、惨敗する可能性すらある。多くの報道は、マクロン氏が「賭け」に出た、と書き立てる。

私は、マクロン氏を「偉い」と思う。「解散」はまさに政治的決断だ。どこかの国のように、政策などはどうでもよく、自分たちにとって都合のよい、つまりは自分たちが勝てそうなタイミングを狙って、形式的な大義名分の下に「解散権」を使うのとは大違いである。現状の是非を国民に問いかけ、できれば自分の政治信条への共感者を増やしたい。それが上手くいかず、欧州議会と同じように自分たちの勢力を減ずることになったとしても、それが国民の意思であるならば仕方がない。国民に向かって、「あなたたちはどこへ向かいたいのか？」と突きつける。これこそが「信を問う」ことであり、正しい解散権の使い方だ。

私自身は、右がいいとも左がいいとも言えない。アフリカや中東から押し寄せる難民に、ヨーロッパが手を焼いているのは知っている。人々が難民化する原因（問題）は自国の中で解決させるべきであって、自国が混乱しているから難民として海外に出る、という選択がいいとも思わない。しかし、武器を供与したり、政治的対立の中で自分にとって都合のいい側に肩入れするなどして、ヨーロッパが紛争を煽ってきたという経緯がある場合もある。そんな大国の思惑の犠牲として、一般庶民が難民として国外逃亡するしか他に仕方がない、というのも確かだ。「自国第一主義」とは言っても、他国を犠牲にして自国の平和と繁栄を実現させるのはナシだ。こんな思いが無秩序に湧き起こってくるから判断がつかないのだ。

残念ながら、パレスチナを見ていれば、欧米が結局「正義」とは関係なく、「仲間」を大切にしているだけだということ、あるいは、自国の勢力を拡大することで自分たちを守ろうとしているだけだということが見えてくる。そこから抜け出て、「正義」を目指さなければ、仲間以外からの「信頼」は得られず、永久に力勝負を続けなければならなくなるのに、である。この場合の「正義」とは、全ての人（できれば将来に生きる人も含めて）を等しく尊重するということだ。

さて、フランスの下院選挙はどうなるだろうか？　おそらく、その結果は他のヨーロッパ諸国に大きな影響を与えるだろう。いや、日本も決して無縁であるとは言えない。最終投票日は7月7日。しっかりと見守ることにしよう。

法の精神（2024年5月2日）

4月29日の朝日新聞「序破急」欄は、印象的だった。見出しは「学長にモノ言わせぬ国では」、執筆者は教育社説担当者・増谷文生氏である。

増谷氏は、国立大学が法人化されて20年が経過したのを機に、この間の国の大学政策について、全国の国立大学学長にアンケートを実施した。そこに書かれたコメントを記事にするため、承諾を得ようと学長に連絡を取ると、ほとんどの学長が匿名を希望し、中には匿名であっても承諾しない人もいたという。氏は改めて実感したこととして、「国立大の学長の多くが、国にモノ申すことを過剰なまでに恐れるようになったこと」を挙げる。つまり、多くの学長は、政府の学術政策には文句があるが、それを口にして補助金などの配分で不利益を被るのは困るとして、自分の考えを表明できないらしいのだ。ある地方大学の学長は、「国の方針に従わないと交付金を削られる仕組みでは、大学の自治は行えない」と語ったそうである。

大学には自治が認められている。日本国憲法に「大学の自治」という言葉はないが、「学問の自由は、これを保障する」（第23条）とあるのを根拠に、学問の府である大学には自治権があると解釈されてきた。これはおそらく、一部の憲法学者の学説ではなく定説、悪くても通説である。

とは言え、最近は主に学長選考において、大学の自治が侵害されていると感じることが多い。今回の記事は、そのことを裏書きするものだ。

改憲を悲願とする自民党でも、第23条については、文言を整理するだけで、内容を変えようとはしていない。そんな必要がないのだ。面倒な思いをして憲法を書き換えなくても、金を握っているのだから、不満を少しちらつかせるだけで、大学は震え上がって言うことを聞くのだ。まぁ、そんなところであろう。そして現状はその通りになっている。

思えば、国連には国連憲章という憲法に相当するものがある。その前文には、次のように書かれている。上手く切れないので少し長くなるが、引用する。

われら連合国の人民は、われらの一生のうちに二度まで言語に絶する悲哀を人類に与えた戦争の惨害から将来の世代を救い、基本的人権と人間の尊厳及び価値と男女及び大小各国の同権とに関する信念をあらためて確認し、正義と条約その他の国際法の源泉から生ずる義務の尊重とを維持することができる条件を確立し、一層大きな自由の中で社会的進歩と生活水準の向上とを促進すること並びに、このために、寛容を実行し、且つ、善良な隣人として互に平和に生活し、国際の平和及び安全を維持するためにわれらの力を合わせ、共同の利益の場合を除く外は武力を用いないことを原則の受諾と方法の設定によって確保し、すべての人民の経済的及び社会的発達を促進するために国際機構を用いることを決意して、これらの目的を達成するために、われらの努力を結集することに決定した。（国連広報センターの訳）

もちろん、今世界で起こっている出来事で、この憲章に反することは多い。一部の地域の誰かが違反しているというレベルではなく、安全保障理事会で拒否権が乱発され、ありとあらゆる点でこれに反するというのが現状だ。

結局、法などというものは、その精神を思い出させるためのヒントに過ぎず、守ろうという意志がなければ、ほとんど力を持たないものなのだ。そして実際の行動は、法や理性ではなく、気分や感情によって決定されていくのだ。すると、人間は対立し、いがみあい、相手を傷つけて憚らなくなるものなのだ。哀しいけれど、それが人間の現実だ。

日本学術会議のこと（２０２０年10月４日）

日本学術会議が新会員として推薦した１０５人のうち、６人が首相によって任命を拒否されたことが大きな話題となっている。全て、以前に反政府的な言動があった人たちだという。

無知蒙昧なる私は、今回この事件が起きるまで、日本学術会議のメンバーが首相によって任命されるということを知らなかった。いつぞやの軍事研究に関する否定的発言などあったものだから、「政府にもの申す」ために、気骨ある学者たちが自ら集まっている組織だとばかり思っていた。あるいは、終戦直後、科学者が戦争遂行に大きな役割を果たした反省に立って作られた任意団体ではないか？とも想像していた。

あわてて、日本学術会議の何たるかを確かめてみようと、そのホームページを開いてみれば、まず次のように書かれている。

日本学術会議は、科学が文化国家の基礎であるという確信の下、行政、産業及び国民生活に科学を反映、浸透させることを目的として、昭和24年（１９４９年）1月、内閣総理大臣の所轄の下、政府から独立して職務を行う「特別の機関」として設立されました。職務は、以下の2つです。

・科学に関する重要事項を審議し、その実現を図ること。
・科学に関する研究の連絡を図り、その能率を向上させること。

その元になっている「日本学術会議法」でも、経費は国の予算で負担されるが、活動は政府から独立して行われることが定められている。国が支出しているという年間の運営費は10億円ほどというから、それなりに大がかりな組織である。

本当に活動が政府から独立して行われるのなら、人事への介入もあってはならない。人事に介入すれば、独立した活動などあり得ないのである。それは「解釈」云々という問題ではない。天皇による総理大臣の任命と同じく、任命は形式的手続きであって、1984年に国会で確認されたとおり、首相は組織から提出された推薦人をそのまま任命するしかない。

危惧していたことが、そのまま行われたな、と思う。意外の感などない。前政権は、人事権を盾に、自分たちの思い通りのことをやろうとしてきた実績があるからである。法律解釈の軽々とした変更なども得意技だった。「私たちは選挙で選ばれているのだ」を水戸黄門の印籠として、これくらいのことはやるだろう。しかも、現首相は、官房長官として記者会見で、不都合なことにはしらを切り、気に入らない相手には質問の機会も与えない、ということをしてきた人である。

確かに、首相は（直接＋間接の）選挙で選ばれている。だが、選挙で選ばれていれば何をしてもいい、というものではない。選挙は白紙委任ではないし、自分に投票してくれた人にとってだけいいように動けばいい、というものでもない。日本学術会議が出した答申や提言を受け入れるか受け入れないかで政治家としての判断はすればいいわけで、メンバー選出の時点で是非を判断するのは越権だ。根っこにあるのは、自分たちの考えの妥当性を疑わず、がむしゃらにそれを押し通すことが正義だという考え方である。

上位者のやっていることというのは、大人と子どもの関係でも同じなのだが、必ず下へ下へと影響していく。政府見解と対立する主張をしている人が学術会議の会員になれなかったとなれば、政府に楯突いていると、学術会議のメンバーはおろか、安定したポストに就けないのではないか？　科研費がもらえないのではないか？　……と、上の顔色を窺うようになる。そのような人は、下に対して横暴になっていくような気がする。そして、何も露骨な嫌がらせや、法的な縛りなどかけなくても、政府は学術界の人間をコントロールできるようになっていく。若く不安定な地位にある人ほど、そして、政権が安定して強力であればあるほど……である。

ますます重い意味を持つ（２０２０年10月7日）

昨日、読者の方から、日本学術会議の会員任命拒否について、法政大学・田中総長が出したメッセージが素晴らしい、との情報をいただいた。「歴史に残る名文かと思います」とある。発信者は匿名ではなく、信頼すべき方であることが分かっているので、すぐにネットで探して読んでみた。なるほど、「学問の自由」の大切さに対する確信と、それを蔑ろにしようとする首相に対する憤りがまっすぐに伝わってくる、格調高い文章である。同様のことを言っている人がたくさんいる中で、これが特別な、「歴史に残る名文」かどうかは何とも言えないが、広い視野と大きな度量によって支えられている文章は、読んでいて気持ちがいい。一部ではあるが引用しておこう

任命拒否された研究者は本学の教員ではありませんが、この問題を座視するならば、いずれは本学の教員の学問の自由も侵されることになります。また、研究者の研究内容がたとえ私の考

えと異なり対立するものであっても、学問の自由を守るために、私は同じ声明を出します。今回の任命拒否の理由は明らかにされていませんが、もし研究内容によって学問の自由を保障しあるいは侵害する、といった公正を欠く行為があったのだとしたら、断じて許してはなりません。

しかし、私が強く感心したのは、この文章の内容についてだけではない。それは、全部でだいたい1500字くらいの、比較的大きなこの文章が公表されたことで、先日、卒業生が首相になった時に、法政大学がホームページに載せた事務連絡と言ってよいような短く簡素な記事が、より重い意味を持つものとして見えてくるということである。

法政大学は、本当に大切なことについては大きなスペースを使って、明確な意思表示をしますよ、どうでもいいようなことはそれなりの扱いをしますよ、日本学術会議議員の任命拒否は前者で、卒業生が首相になったことは後者なのです……まぁ、そういうことだろう。そして、大きな総長メッセージで批判されている人は、その首相である。

残念ながら、首相はこんなメッセージの意味や価値が理解できる人ではないだろう。自分たちの思い通りにやること、それが全てと見える。もちろん、その「思い」についての問い直しなんかない（選挙で認められたんだから！）。だから、任命拒否などということができるのだし、記者会見でも泰然とシラが切れるのである。自分を疑えない人というのは本当に怖い。

学術は机上の空論たれ……か？（２０１５年11月16日）

先月、「安全保障関連法に反対する学者の会」が「ＳＥＡＬＤｓ」と共催で計画したシンポジウムに、某大学が会場使用許可を出さなかった、という出来事があった。理由は「純粋な学術内容ではない」とのことであり、「主催団体の活動から見て政治的意味も持ちうる」とのことであった。

はは ぁ、学術というのは「机上の空論」でなければならないということだな、と私は思った。与党が文系学部の定員を減らせと言い出したことなど、「（すぐには or 直接的には）役に立たない」学問が、その存在を否定されかねない状況がある一方で、学術がその成果に基づいて現実に立ち向かおうと思えば迷惑がられる、というのでは、学術はいったいどうすればいいのか？

１９４０年前後の中国共産党の歴史を勉強していると、熾烈な権力闘争を目の当たりにすることになるが、その際、レッテル貼りというのが盛んに行われる。一番よく目にするレッテルの一つに「托派（托洛茨基派＝トロツキー派）」というのがある。「あいつは托派だ！」と批判するのは、言っている人が有力者である場合、強烈な力を持つようだが、言っている人も聞いている人も、トロツキーがどのような人物で、どのようなことを考え、それが批判に値する問題を含むのか、ということを真面目に考えていた風はない。その点に関する説明が一切なくても、「托派だ」という批判が力を持つというのは恐ろしいことである。使う側、受け止める側双方の問題として、私は最近の「偏っている」

「政治的だ」に、それと同様のものを感じる。

世の中はどこかの方向へ向けて絶えず動いている。方向性を持って動いている以上は、絶えず偏っているのである。だとすれば、「偏っている」と批判して議論を封ずることは、小さくも良心的な異論を封殺し、暴走を加速させることになってしまう。月並みな意見だが、大切なのは、多様な意見を認め、その表現を許容し、現状を疑い、絶えず最善を探し求めていこうとする姿勢である。それを邪魔する「偏っている」は、もはや言論テロである。

選挙の価値（２０２２年7月17日）

生徒に対して政治の話をするのは難しい。「偏向教育だ！」と批判されるのが怖い、というのではない。生徒が耳を傾けないのである。自分達が政治的決定の中で生きているという自覚はゼロ。彼らにとって政治はどこかの誰かの話。いやいや、もっと漠然と、単に面倒でつまらない話なのである。

参院選が終わって最初の3年生の授業で、教卓の上に誰も読まないまま放置してあった河北新報を手に取り、思いつきで以下のような話をしたところ、生徒が意外に真面目に聞いてくれた。

「参院選終わったけど、投票権持っている人は行ったか？」

「行った人？」（1名）

「投票権あるけど行かなかったっていう人？」（数名）

「あんたたち、今回の選挙にかかった費用いくらか知ってる？」

（金の話になると生徒は顔を上げる。3千万円～5億円くらいを答える。答えが出尽くしたところで、私は口頭ではなく、黒板に大きく600億円と書く。生徒はざわつく。）

「はい、実際にはもう少し、ほんのちょっとだけ安いと思うけど、だいたいこんな金額です。選挙活動の公平を最低限保証するために、ポスター印刷や宣伝カーの費用は公費負担だし、ポスター用の掲示板あちこちに建てるし、投票所の立会人には日当出さなきゃダメだし、それらを全国各地でくまなくやるわけだから、お金もかかるさ。あんたたちが就職してから一生の間に稼ぐ金額の合計が平均で2億円前後のはずだから、だいたい生涯賃金250人分くらいかな。この学校ってとても立派だけど、10校くらいは作れるかな。高い？」（高い！）

「えー？ だけど、今年の日本の国家予算っていくらか知っている？」

（生徒沈黙。私は黒板の600億円の右に「→107兆円」と書く。）

「今回、600億円の費用を使って選挙をして選ばれた議員さんは、任期が6年間だから、国家予算が年によって変わらないとすると、彼らは107兆円×6年間＝642兆円のお金の使い方に責任を持つことになるね。642兆円ってイメージできないと思うけど、1億円は1万万円で、1兆円は1万億円だって意識すると、イメージできないくらいすごい金額だってことはイメージできるでしょ？（笑）。今回選ばれた125人は参議院議員の半分だから、もう半分の人達と、参議院議員のだいたい倍の数の衆議院議員も関わるわけで、今回の選挙で選ばれた人達だけで642兆円を使うわけではないんだけどね……。それでも、やっぱり彼らはこのお金の使い道に責任を持つわけだよ。600億円もったいないからって選挙やめたらどうなるの？　誰かが国のお金の使い方を決めないわけにはいかないし、デタラメな使い方が始まった時に、それを止めることもできなくなっちゃう。だとすれば、たとえ600億円かけてでも選挙しないとダメだっての分かるでしょ？　あるいは、この選挙でまともな議員さんが選ばれて、642兆円がちゃんと使われるなら、600億円も決して高くはないんじゃないかな。

だけど、そうなると、この600億円が高いか安いかはまともな議員を選べるかどうかで決まるっていうことになるし、それは国民の意識次第だっていうことになるの分かる？　言い方変えれば、その600億円が生きるも死ぬも国民次第、私たち、あんたたち次第っていうことだよ。立派な議員さんを選ぶためには、日頃からいろいろ情報集めをすることが大切で、そのためにはやっぱり国語の勉強は必要だな。さ、勉強するぞ」（ため息）

他人のお金（2021年12月19日）

先週の水曜日、「森友学園」を巡る財務省の決算文書改ざん問題で、国が突然、赤木俊夫さんの妻の訴えを認め、請求通りの賠償金1億7千万円を支払うと言いだした。「認諾」という手続きらしい。

その日のうちに財務大臣が、「公務に起因する心理的、肉体的負担を原因として赤木さんが自死したことについて、国の責任は明白である」と深々と頭を下げた。一見、いかにもしおらしい。

しかし、報道によってある程度事情というものが見えてくると、これはなんとも腹立たしい、いや、嫌らしい決着の付け方である。赤木さんの奥さんが訴訟を起こしたのは、なぜ赤木さんが自ら命を絶たなければならないほど追い詰められたのか、その真相を究明することであった。認諾すれば訴訟は終了となる。国は、1億7千万円と引き替えに、真相究明の道を閉ざしたのである。なるほど政治家というのは悪知恵が働くものだな、と、まずは感心した。私のような善人、いや、小心者には絶対に出来ないことである。

国が今回のような対応を取れたのは、1億7千万円と、自分たちの悪が公になることとのバランスを考えて、1億7千万円を払ってしまった方がいい、と考えてのことであるのは言うまでもない。しかし、その前提として、そもそも財務大臣（および政府・与党）にとって、1億7千万円がどのようなお金かということに思いを致す必要がある。

それはしょせん税金、つまりは「人の金」なのである。赤木さんの奥さんは、認諾させないために、あえて2億円近い高額の賠償請求額を設定したらしいが、財務大臣にとって、人の金である以上は、1億でも2億でも5億でも、痛くも痒くもないのである。なにしろ政府は、官房機密費という領収書の要らないお金を年に12億円も使い、これまた領収書の要らない文通費を全ての国会議員に毎月１００万円、合計で年に85億円も支給しているのである。領収書があれば、正規の予算から支出できる１

億7千万円が大きなお金であるわけがない。赤木さんという善良な一庶民が、政治家の金銭感覚（公金意識）を想像しきれなかった、ということなのだ。

彼らにとってそれが「痛い」とすれば、そのお金を支出することで、国民が政権を批判的な目で見、内閣支持率が急降下、次の選挙に向けて信号が「赤の点滅」になった時である。しかし、大丈夫。政府が認諾を表明して3日後に毎日新聞と社会調査研究センターが実施した世論調査によれば、内閣支持率は1ヶ月前に比べて6ポイントも上昇しているからである。政権も政権なら、国民も国民、1億7千万円が自分のお金だという認識なんて皆無。もちろん「正義」に対する感性もゼロに近い。賠償請求額をせめて30億円くらいにしておいていたら、もしかするとまた別の反応も得られただろうか……？　いや、ダメだろうな。むしろ、赤木さんが「がめつい女だ」と誹謗されかねない。

佐川氏個人に対する訴訟は継続されるらしいが、そのうち、佐川氏も「認諾」を言い出すのではないだろうか。損害賠償として請求されている1650万円なんて、「官房機密費で払ってあげるから……」と、佐川氏に認諾を勧めることくらい、政治家にとっては朝飯前だろう。

政治の空虚と現場の良識（2022年12月24日）

昨日の朝日新聞「オピニオン&フォーラム」欄に、元海上自衛隊自衛艦隊司令官・香田洋二氏のインタビュー記事が載った。1面の三分の二に及ぶ巨大なものである。見出しは「防衛費増額への警鐘」、見出しは「5年間で43兆円　身の丈超えている　現場のにおいなし」、「『2%』が先行　政治からの声に悪乗りはないか」である。とても冷静で優れた見識を感じさせるもので、読みながら、今の防衛費増額論議がいかに拙速で軽薄なものであるかを嫌というほど感じた。

氏は元々、現場の実感に基づく防衛費増額論者である。敵基地攻撃能力の保持についても、方向性には同意するとしている。だが、今回の防衛費には強く反対する。見出しでおよそは分かるとおりなのだが、「今回の計画からは、自衛隊の現場のにおいがしません」「43兆円という砂糖の山に群がるアリみたいになっているんじゃないでしょうか」「身の丈を超えていると思えてなりません」「子どもの思いつきかと疑うほどあれもこれもとなっています」……。その上で、政府の言っていることがどれほど非現実的で、無理があるか、具体例を示して語る。

そして、なぜこんなことになってしまったのか？　という記者の問いには、「自衛隊の積み上げではないからだと考えます」と答えている。物事には順序や準備というものが必要で、それを抜きにしてこれだけ膨大なお金を積み上げることは、防衛力にとってもマイナスだという。これも具体例を挙げて明快な説明をしているが、全てを書き写すことになりかねないので、引用はしない。

後半は更に立派なので、ここは2つの問題について多少長めの引用をさせてもらう。まずは財源について問われた時の答えだ。

国民負担という痛みがあるからこそ、本当に必要な防衛力が積み上がります。国債という麻薬のようなものを平時に使えという主張があることは信じられません。（中略）本当の有事では政府は嫌でも大量の借金をしなければいけません。平時は、歳出改革以上の分は税金で支えていただくしかないのです。でも、だからこそ1円たりとも無駄にしてはいけないし、後ろ指を指されることがないように、国民への説明責任を果たさないといけません。

先日、防衛省がＡＩを使って、ＳＮＳで国民世論誘導工作の研究に着手したという衝撃的なニュースが流れた。12月10日の河北新報には、「インターネットで影響力がある『インフルエンサー』が、無意識のうちに同省に有利な情報を発信するように仕向け、防衛政策への支持を広げたり、有事で特定の国への敵対心を醸成、国民の反戦・厭戦の機運を払拭したりするネット空間でのトレンドづくりを目標としている」と書かれている。メチャクチャだ。香田氏はこの件についても触れている。

心理戦や情報戦への対抗手段はあっていいと思いますが、国民の意識を一定方向に持っていくようなことは絶対にやってはいけませんし、戦後生まれの自衛隊がそんなことを企てることは断じてないはずです。自衛隊が守っているのは民主主義なのですから。

全て、政治家たちによくよく聞かせたい言葉だ。結局、「43兆円」は単なる思いつきのイメージ戦略、パフォーマンスでしかないのだ。今月初めに可決された総合経済対策の「29兆円」と同じである。たとえ稚拙でも、迅速な対応が必要なことというのはある。だが、基本的に、大切なこと、価値あるものほど、それらを手に入れるには時間＝労力がかかる。「43兆円」を捻出するために国民が払わなければならない犠牲は膨大である。犠牲を払う以上は、大切で、価値あることにそれを使って欲しい。だが、香田氏の現場感覚によれば、そんなことはできないのだ。「43兆円」を使い切る準備は、今の政府・自衛隊にはできていないのだ。「43兆円」を使うことによって、中身がなくても何か立派なことが行われていると信じてしまうのは危険である。また、香田氏が「断じてないはず」と言うことが、「ある」と報道されていることに対して、私たちはどのように考えるべきだろうか？

雰囲気に酔わされて冷静さを失うこと、ご時世論に流されて基本や原則を忘れること——これは戦時そのものではないか。

国葬はすべきでない（2022年7月22日）

参院選直前に銃撃で殺された元首相について、早々と「国葬」を行う旨の決定が閣議で為された。予想したことではあったけれども、ずいぶん簡単に決めるものだな、と驚いた。更にその後、疑義を示した野党を念頭に、自民党の幹事長が「国民の認識とはかなりずれているのではないか」と語ったのには仰天した。何を根拠にこのようなことが言えるのだろう？　おそらくこの人にとって、自分と考え方が違う国民は存在するはずがない、いやいや、存在してはならないのであろう。それ見たことか、その後は、続々と異論が出てきている。

　私の考えは共産党と一致する。国葬は間違いなく弔意の強制を生む。また元首相は、そのしたことについてかなりはっきりと賛否の分かれる人であった。首相在任期間が長かったことをもって、国民の圧倒的多数がその死を惜しみ、国葬を望んでいるなど判断することはできない。国葬を行うことで、元首相が全面的に肯定され、もしくは、肯定するのが当然だという雰囲気が作られていくことを、私は恐れる。当然、そうなれば彼の「負」の部分は、うやむや、更には無いものにされる。少数意見を抹殺することにもつながるだろう。

　そもそも、植民地支配から独立を勝ち取った「建国の父」とでもいうのでなければ、私は政治家に国葬を行うことそのものに反対だ。政治というのは、安倍某という人でなくとも、絶対に賛否が分かれるものである。しかも、その評価は何十年か経たなければ定められるものではない。彼が成立に深く関わった法令も、まだ全て効力を持っている。しかも、特にこの人が強力に主導して作った国家機密法とかテロ対策特措法とか、集団的自衛権の容認（憲法第9条の解釈変更）といったものは、成立した時にはほとんど無色透明でも、長い時間の先に非常に危険な側面が顕在化する可能性を持っている（逆もあり得る）。「死者にむち打つな」などと呑気なことを言っている場合ではないのである。

　中曽根前首相の内閣・自民党合同葬は、約2億円の費用がかかり、うち1億円弱を国費から支出した。今回の国葬は、おそらく全額が国費だろうし、この間に物価も上がったから、支出は2億円を超えるはずである。海外に向けていい顔をしながらお金をばらまき、モリカケサクラで実質的な損害を国に与え、アベノマスクなどで無駄遣いをした元首相は、死んでなお国に金を使わせるのか?

この書き方はよくない。国葬を決め、国費を支出するのは元首相ではなく、現政権である。元首相の遺言でもない。目の上のたんこぶが消えて舞い上がったか、弔意の強制を通して何かよからぬことを企んでいるのかは知らない。ただ、その決定はあまりにも拙速で、冷静さを欠いている。「聞く力」を売りにしている首相のすることとはとても思えない。

維新や国民民主党は、国葬には反対しないが丁寧に説明することが必要だ、という立場だ。これも不可解。国葬に反対している人(少なくとも私)は、説明が足りないために意義が理解できないから反対しているのではなく、国葬が間違いであることが分かっているから反対しているのである。結論を変える気のないただの説明だったら、それはまったく不要だ。

かれこれ20年近く前、出張で盛岡に行った時、帰りのバスまで少し時間があったので、地図を見ながらふと思い立って、平民宰相・原敬の墓を訪ねた。墓の入り口に解説を書いた看板が立っていた。それによれば、原はあらゆる位階勲等を拒否し、若い頃に洗礼を受けてクリスチャンとなり、死後は仏教寺院に葬られるにもかかわらず、クリスチャンネームや戒名ではなく、「原敬」という一個人として葬られることを望んでいたそうだ。そして実際、墓石には何の肩書きも付けられず、「原敬墓」という文字だけが刻まれていた。実に潔い態度である。

安倍元首相にもそのようであって欲しい。そして、現首相を始めとする与党の面々は、ぜひ、元首相を政治利用せず、原敬のような安らかな眠りにつかせてあげていただきたい。

議員辞職はしない方がいい（２０１６年６月30日）

今更ながら、都議会Ｓ議員のセクハラヤジ問題に触れておこうという気になった。

多くの人が言うとおり、一議員の問題として幕引きをするのはお粗末すぎる。映像を見れば、いろいろな人が某女性議員をからかうようにヤジを飛ばしているのは明らかだ。だが、Ｓ議員は会派離脱するだけでは不十分で、議員辞職すべきだという意見については、少し違う思いがある。社会全体としての利益を追求しようとすれば、むしろＳ議員が辞職しないでいてくれた方がよい。

Ｓ議員が辞職しなくても、議員には任期というものがあり、やがて選挙が行われるわけだから、Ｓ議員が立候補すれば、そこで落とせば済むだけの話である。もちろん、それまで品性下劣で思いやりの心を持たない人間が議員の席を温めているのは不愉快だが、それは選んだ責任として我慢するのも「勉強のうち」である。むしろ、本人が辞職して一件落着、1ヶ月もしないうちに問題が過去形になってしまうよりは、問題を次の選挙まで引き延ばして、Ｓ都議をどうするのか、「民」に問いを突き付けた方が、健全な社会を作る上での効果は大きいのではないか。Ｓ議員一人の問題として幕を引こうと「決議」に賛成した議員も、それが問題だというのなら、全て落選させればいいのだ。

6月24日「天声人語」に「そういう政治家（平居注：男らしさを誇って女性を軽んじる男）はなぜか外交面でも強面に出たがる人が少なくないようだ」とあったのを読んで、あることが思い浮かんだ。

野田正彰『させられる教育——思考途絶する教師たち』（岩波書店、2002年）という本がある。日の丸・君が代強制問題を追及したその本には、「日の丸・君が代の強制には、なぜか破廉恥教員や官僚、国会議員が必ず登場する」という一文があって、その後に、セクハラ問題を起こした教員、受託収賄罪で逮捕された国会議員、収賄罪で有罪判決を受けた文部官僚の例が紹介されている。そして、最後は、「なぜこれほど、日の丸・君が代強制による抑圧には、歪んだ人物が集ってくるのだろう。人の心を蹂躙する者は、男らしさを強調し権力に擦り寄る性癖に通じているのだろうか」と結ばれる。

今回のセクハラヤジの主（の一人）であったSという都議は、2012年に右翼がかった10人の人物が尖閣諸島の魚釣島に上陸した時のメンバーの一人である。その時、彼らが日の丸を振り回していた映像は、私の記憶にも残っている（旗を持っていたのがS都議であるかどうかは不明）。

どうしてもこれらはつながり合う。外交・セクハラ・日の丸／君が代だけではなく、更に南京大虐殺や従軍慰安婦といった歴史認識の問題でも、一定の方向性を持つに違いない。勇ましいことを語り、強面である人間は、弱い人間の前でますます勇を誇り、ふてぶてしくなる。人の気持ちに対するデリカシーがなく、図々しい言動によって、人の気持ちを踏みにじって恥じるところがない。一方で、大衆はそのような人間に、自分の不満や苦しさを解消してくれるのではないかという安易な期待を抱き、寄らば大樹の陰と付き従って、世の中の進む方向を誤らせる。社会全体における「いじめ」の構造だ。

民主主義の社会においては、その制度（秘密投票による普通選挙）が維持されている限りにおいて、議員と民衆は一体である。だからこそ、S都議の辞職といういわば個人的解決で済ませるのではなく、次の選挙で、S都議をどうするのか、彼が所属していた会派をどうするのか、徹底追及の決議に反対した議員をどうするのか、といったことを「民」に問いかけた方がいいのである。「民」が賢くならなければ、議員をどうこうしても、モグラ叩きでしかないのである。物事は、部分的現象ではなく、構造と本質において考えられるべきなのである。たとえ「民」がろくでもない選択しかしないとしても、それが現在の「民」であると観念し、民主主義の限界としてあきらめることも民主主義だし、また、将来へ向けて賢くなっていくためのやむを得ない道程として辛抱すべきでもあるのである。

ゆっくりゆっくり、しかし着実に「民」全体で成長しよう。

一票の格差について（2015年11月26日）

昨日、最高裁で、昨年12月に行われた衆議院議員選挙における「一票の格差」について判決が出た。例によって「違憲状態」である。国民（有権者）一人ひとりの価値は平等であるべきなので、何人あたり1人の議員を出せるかというのは、公平でなければならない。格差が2倍未満の時は、人間の価値を比べる時に、1・2人分とか1・5人分と言っても、人を分割するわけにはいかないのだから、仕方ないとあきらめがつく。一方、格差が2倍を超えると、2人分というのはないだろ、だったら、選挙区の区割りを変えろよ、と言わなければならない。

ところが、地域にはある種の文化的なまとまりというものがあるし、円滑に選挙を行うためには、地方自治体の選挙管理委員会が動きやすくする必要もある。だから、選挙区の有権者数をそろえるために、機械的に線を引き直してしまうわけにも行かない。現職の議員には地盤というものもあって、それを動かすわけにもいかないので、選挙区の変更は、一部の議員にとって死活問題である。それは基本的に「エゴ」なのかもしれないが、そうは言い切れない場合もある。

さて、「平等」ということを考えた場合、一票の格差を是正することは当然に必要である。しかし……どうも私にはそう簡単に言い切ることが出来ない。

私が住む石巻市は、宮城5区という選挙区である。実は、昨年の衆議院議員選挙小選挙区において、全国で有権者数の最も少ない、つまりは1票の価値の最も大きな選挙区であった。有権者数の最も多かった東京1区と比べると2・129倍、つまり、国政に対して私は、千代田区や新宿区の人たちの2倍以上の影響力を持っていることになる。実感はない。宝くじで、1等が20本でも50本でも、まず間違いなく当たらないというのとよく似た感覚だ。しかも、宮城県から衆議院に入れるのは6人、東京都からは25人である。

現在、国が検討している是正措置に従えば、宮城県は選挙区が一つ減って5となり、東京都は3つ増えて28となる。私の印象として、東京というのはただでさえも影響力が大きいのに、ますます大きくなるのか？　という感じである。減らされそうなのは、宮城の他、青森、岩手、三重、滋賀、奈良、熊本、鹿児島、沖縄で、増えそうなのは東京（3議席）の他、神奈川（2議席）、埼玉、千葉、静岡、愛知（1議席）である。

国会議員というのは、各地方で選ばれるとはいえ、その地域の代表すなわち地域エゴの擁護者としてではなく、全国民の代表者として活動することが求められている（憲法第43条）。しかし、現実には出身選挙区に有利に振る舞いがちである（少なくとも不利には振る舞えない）ことは、誰しもの認めることであろう。次の選挙を意識すれば、そうならざるを得ない。

だとすれば、都市部への人口集中、首都圏への一極集中が進んでいる今日、「一票の格差」をなくそうとすれば、中央は優遇され、過疎化のひどい地域にはますます光が当たりにくくなり、中央と地方の格差が大きくなってしまう可能性が高い。果たして、それはいいこと、もしくは仕方のないことだろうか？

思うに、「一票の格差」をなくすという理想は、「都市と地方の格差」をなくすという理想と対立する。どちらも平等原則に関する問題でありながら、「一票の格差」が、数字で示されるために見えやすいのに対して、「都市と地方の格差」は、比べるべき要素がたくさんあって複雑で、見えにくい問題である。しかも、都市部の方が人口が多く、有力者もたくさん住んでいる。だから、世の中では都市部にとって不都合な「一票の格差」ばかりが問題視され、それを是正することによって深刻化する大都市と地方の格差が問題視されにくいのだろう。

というわけで、私には「一票の格差」問題は、地方に対して厳しい議論であるように思える。何が何でも是正すべきことなのかどうか？　私は地方に対する配慮として、一票の格差を許容した方がいいと思う。

選挙制度雑感（２０１５年12月18日）

先日「一票の格差」について、私がどう考えるかということを書いた。せっかくなので、選挙制度について思う所を少し補足的に書いておきたい。

その後、全国３紙＋河北新報＋ネットの範囲で、「一票の格差」問題について、人々がどのように考えているのかは多少の関心を持って見てきた。中で最も共感を覚えたのは、11月28日の朝日新聞「耕論」欄に載った慶応大学教授・坂井豊貴氏の見解であった。氏は、現在の日本の選挙制度で問題とすべきは、一票の格差よりも、むしろ小選挙区制を要因とする死に票の多さであると主張する。同感だ。日頃から私が思っている日本の選挙制度（主に衆院選の小選挙区だが、それ以外にも関わる）の問題は、第一に死に票の多さ、第二に被選挙権行使の難しさ、である。

誰とは言わないが、最近、選挙に象徴される民主主義を、「勝てば官軍、負ければ賊軍」の論理で理解する傾向が強い。つまり、選挙で勝てば何をすることも許される、負けた側への配慮は必要ない、というかのような態度を、勝者が往々にして取るということである。

民主主義がまさに「民主」主義であって、当選者が、自分と対立する候補者に票を投じた人も含めて、より多くの人が幸せになるようにという観点で政治を行うならば、当選者を決める上での「死に票」は、さほど問題とする必要はない。しかし、たとえ1票差でも勝ちは勝ち、などという発想が横行するようになってしまうと、死に票の存在は致命的な社会的欠陥となってしまう。坂井氏も言うとおり、安倍政権は昨年12月の衆院選で全小選挙区の4分の3の議席を得たが、獲得した票数は有権者数の4分の1にも満たない。確かに、投票率の低さもあったが、制度的に死に票を少なくする工夫もしなければ、世の中は大暴走をしかねない危険なものとなってしまう。

被選挙権行使の難しさというのは、供託金の大きさに代表される。立候補の際に十数万円から300万円のお金を法務局に預け、一定の票数（有効投票数の10分の1くらい＝供託金の金額とともに、選挙の種類によって違う）が得られなければ、没収という制度である。いい加減な気持ちではなく、それ相応の覚悟を持って立候補するよう促すための制度だと聞いたことがある。だが、例えば私＝公務員の場合、立候補するためには仕事を辞めなければならず、その上300万円を払って、惨敗した時には没収というのでは、立候補はあまりにも困難だし、立候補は裕福な者の特権になってしまう。

選挙というのは、単に当選を目指すというのではなく、社会的な意見表明の機会でもある。当選できないと分かっていながら、一石を投じるために立候補するというのはあってもいい。だが、現行制度では、よほど裕福な人でなければそんなことはできないし、そうなると、社会的弱者が選挙を通して積極的な意見表明をする道は閉ざされていることになる。

立候補者が増えすぎると、選挙管理委員会の負担も増えるだろうが、果たして、供託金をゼロにしたら、いい加減な気持ちで立候補する者が増えて困るというようなことになるだろうか？　雑多な意見が交わされることで世の中が活性化されるというメリットは、少々の手間をかけてでも守るべきだろうし、少数意見が乱立することで票のつぶし合いをすることになるデメリットを考え、立候補希望者自身が、候補者の統合を目指すという動きも自然に起こるはずである。

専門家から選挙制度に関するいろいろな提言が為されていることは、ある程度知っている。だが、政治家たちは大義名分を立てながら、自分にとって有利なやり方を探しているのが見え見えである。制度が合理的なものになる可能性は低い。やはり、一足飛びに選挙制度の改善を言うよりも、まずは現行制度の中でまともな人を当選させるように努めるしかない、ということになる。

立憲君主制再考……天皇と政治家（2019年5月3日）

5月1日、中学校時代の恩師と会った。何しろ元号が「令和」に変わった初日である。話は天皇、皇室といったものにも及ぶ。私と同様、その先生も、明仁上皇や徳仁天皇を非常に高く評価しているようだった。そして、上皇や天皇のどこに偉さを感じるか、という話をしながら、対極的な存在としてたびたび話題になったのは、首相を始めとする政治家たちである。

この時、私にはふと気付いたことがあった。なぜ上皇・天皇がこれほど尊敬に値するのに、首相が軽蔑の対象でしかないのか、ということを考えた時、上皇・天皇は選挙で選ばれたわけではなく、首相は選挙で選ばれているということだ。

つまり、選挙で選ばれた人間は選挙民の質を反映する。言葉は悪いが、国民がバカであれば、国会議員もバカがなることになるし、その国会議員によって選ばれた首相もバカだ、ということになる。なにしろ、「令和」という元号を発表しただけで、内閣支持率が10ポイント近く上がるのである。国民の意識がいかに低いかということは、その一事からでも十分にうかがい知れる。全ては金。それ以外の価値は理解できない。そんな政治家がわんさかいることも、間違いなく国民の反映である。次の選挙で勝つことを考えたら、政治家が目先の利益主義、大衆への迎合に走ることは責められない。民主政治の構造的な問題なのだ。

一方、選挙で選ばれていない天皇は国民の質に影響を受けにくい（宮内庁の人事は、元をたどれば政治家によって行われるから、影響はもちろん及ぶのだが、国会議員が首相を選ぶことに比べれば間接性が高い）。自分の意思で政治に関わることが許されず、失脚の心配がなく、国民の顔色をうかがう必要もない。そのため、利害打算にとらわれない長期的で理念的な思考が可能となる。加えて、完全に世襲であるため、一度賢明な天皇なり侍従長なりが生まれて優れた思想が皇室に蓄えられれば、それが継承されていく可能性も高い。

独裁（専制）政治と民主政治とどちらがいいかということを考えた時、優秀な人物による独裁の方がいい世の中を作る上では有効である。議論による停滞がない上、強い力で世の中を強引に動かせるからだ。この場合の「優秀な」というのは、権謀術数や実務においてではなく、目の前の利益に振り回されずに最善を目指す哲学的な思考力においてである。

しかし、独裁者は世襲か軍事クーデターによってしか誕生しないだろう。今の天皇が立派だからと言って、世襲がいいなどということはない。世襲でどのような人が生まれて来るかはバクチである。一方、クーデター（＝暴力）で仁愛政治を行う指導者が誕生するとは思えない。いずれにしても、ひとたび独裁者が悪の暴走を始めた場合、彼らを止めることはできない。悲劇である。

だとすれば、そうそう立派な政治は望めない代わりにどん底になることはなく、仮に世の中が悪くなったとしても、有権者の努力によって回復の可能性があり、自分たちが選んだ指導者によってそうなったのだから諦めがつくという民主政治の方が、総合的に考えるとマシだ、ということになる。民主政治というのは、最善を諦めることで最悪を回避し、「ほどほど」に安住するための極めて妥協的なシステムだ。

上皇・天皇と政治家との対比は、そんなことを考えさせてくれた。民主政治と世襲と、それぞれのいいとこ取りをする方法というのはないのだろうか？　あふれるほどの皇室に関する報道を見ながら、私ごときが考えても仕方がないそんなことに、ついつい思いをめぐらせてしまう。

もちろん、人間が元々不完全な存在である以上、どんな方法を採ったにしても、問題は完全にはなくならない。しかし、現在の立憲君主制は、憲法によって天皇の暴走を止めることに意識が偏りすぎていて、天皇の利点を生かすことについての意識が低いのではないか？　そして、骨抜きにされた天皇は、実質的に権力を持つにもかかわらず、憲法をほとんど無きものとして振る舞う政治家によって利用される存在に成り下がってしまう。立憲君主制のあり方について、現在の理解を唯一絶対のものとは考えず、改めて考えてみた方が良さそうだ。

第2章　戦争と環境問題をめぐって

津波の教訓よりドイツの教訓（２０１３年7月22日）

勤務先の職員室、私の向かいの席で昼食を摂っていたY嬢が、突然「平居先生、戦争をしないようにするためにはどうしたらいいいんですか？」と聞いてきた。Y嬢が何を思ってこんなことを言い出したのかは分からないが、これが、タカ派と言われる安倍晋三総裁率いる自民党が参議院選挙で圧勝したことに基づくとしたら、相当な悲観論者である私でさえ、飛躍が大きすぎると思う。ともかく、その後に続く問答は、多少一般的性質を含むので書いておこう。

平「そんな方法ないね」

Y「みんなで戦争に反対する団体作って大騒ぎするとかすればいいじゃないですかぁ！」

平「そんな団体、既に存在するさ。だけど、戦争っていうのは、突然、さあ戦争やるぞ！　って始まったりしないよ。そんな風に始まるなら誰だって反対できるかも知れない。だけど、いろいろなことの積み重ねとして、いよいよ戦争だとなった時には、もう戦争に反対することさえ出来ない社会体制が作られてしまっているものだと思うよ。戦前の治安維持法だってそうだけど、戦後の破壊活動防止法だって、権力者によっていつどんな運用のされ方するか分からない。だけど、みんなそんなことは気にせず、暴力革命をどう取り締まるかだけを念頭に置いて成立させちゃった。

こんなに、日本人全体が経済的な利益のことばかり考えて、選挙の争点が経済に偏っていたら、その裏でどんな悪いこと考えていたって、経済で成功したら政権は取れるのさ。私がよく言うことだけど、津波の教訓なんてどうでもいいことだ。人間にとって最大の教訓は、ナチスがなぜ政権を取れたか、ということさ。

ヒトラーは軍事クーデターなんて起こしたりしていない。極めて民主的な方法で、圧倒的な議席数を獲得した。第1次世界大戦後の社会不安や、国民の共産主義に対する反感を上手く利用し、敗戦で疲弊したドイツから抜け出すための夢を与えた。これなんか、公務員か何かをうまく敵にしながら、自分をそれに立ち向かう正義の味方に見せて、人気を得ようとする政治家とよく似ているよね。

この時点では、ナチスはまだ経済政策で実際に成功していたわけではないけれど、選挙で勝利して第1党となるや、数々の素晴らしい経済政策によって、あっという間にドイツ経済を立て直した。その間、基本的人権の保障を撤廃し、思想弾圧、思想統制、そのためのテロリズム的な行動を取るようになっちゃう。それでも国民はあまり気にせず、ナチスを熱烈に支持した。こんな中で、ナチスがヴェルサイユ条約を破って再軍備を始めても、ラインラントに武力進駐しても、もはや誰も止められない。既に厳しい思想統制が敷かれていたということもあるけど、もっと重要なのは、経済的繁栄に比べれば、どんなことでもたいした問題ではないという国民の意識だったと思うよ。

今の日本人が当時のドイツ人より偉いなんて、私は全然思わない。正義よりも今の利益、自由と平等よりも経済的繁栄、ただそれだけさ。Yさんもそう思っているから、私にそんなこと聞いたんだろうけど、今の世の中で行われていることで、戦争に結び付きそうなことなんていくらでもある。目前の利益だけを考えている多くの人に、そんなこと考えろって言っても無駄、無駄。津波の教訓なんて語る暇あれば、20世紀前半のドイツや日本の歴史を勉強した方がよっぽど値打ちがあるんだけどね……」

Y「え〜〜っ！　なんだか暗いですね。平居先生、政治家になって何とかして下さいよ。私、選挙運動頑張りますから……」

平「私が選挙で勝てるわけないだろ？　私が立候補したら、資源と環境のために経済活動を半減させ、新しい幸福観の創出を目指す！　なんていうのが公約になるんだし、世の中の人を動かすどころか、そもそも教室の生徒でさえ私の言うことなんか全然聞かないんだから……」

Y「……」

娘と原爆の是非について考える（2019年8月25日）

今月5〜7日、中3の娘が市の使節として広島に行った。石巻市は非核平和都市宣言をしている都合で、毎年、中学生の使節を広島に送り、平和記念式典に出席させている。市内の各中学校から1名、と言えば、いかにも娘が優秀だから選ばれたみたいだが、そうではない。本当は「おにぎり大使」というオーストラリアへの親善使節に申し込んだのだが、優秀でないために落選。そうしたところ、広島への申し込み者がいなかったものだから、参加してくれない？　と声をかけられたのである。

娘は最初渋っていた。広島は怖い、と言うのである。おそらく、断片的に学習した原爆の惨状を思い浮かべ、現場に行ったら更に悲惨なものを見せられると思い、怖じ気づいたのである。せっかくのチャンスだから行ってこいよ、と両親がしつこく言うものだから、最終的には首を縦に振った。行ってみれば楽しかったらしく、ご機嫌で帰宅。

さて、明日から小中学校は新学期。この数日、あわてて夏休みの宿題を片付けていたのだが、その中に「弁論原稿」というものがあった。娘は原爆をテーマに選んだ。妻に「パパに目を通してもらいなさい」とうるさく言われ、3日前、娘は私の所に原稿を持ってきた。一読して私は「こんな薄っぺらい中身じゃダメだ」と言い捨てた。その上で、重要な問題を二つ指摘し、考えるよう命じた。私が指摘した問題（与えた課題）とは次の二つだ。

・アメリカ人が「原爆のおかげで戦争が早く終わり、死者が少なくて済んだ」と原爆を肯定するのに対して、「しかし、こんな悲惨な原爆が許されていいわけがない」という反論は感情的であり、説得力がない。アメリカ人が納得できる反論を考えよ。
・「原爆が二度と使われることがないよう、私は私にできることをやっていきたい」という結びは、何も言っていないのと同じことだ。「私にできること」とは何か、具体的にせよ。

後者はともかく、前者は大人にとっても難しい問題なのではないか？　娘は意外に嫌な顔をせず、彼女なりに考えようとはしたようだが、いかんせん、頭の回転が速い子ではない。一昨日、どれくらい考えたのか尋ねたところ、ずいぶん的外れ、とんちんかんな答えをいくつかひねり出しただけであった。昨日、改めて答えを求めてみたが、予想どおり、ほとんど何も変わっていない。そこで、夏休みの宿題は宿題として、内容軽薄な作文を提出させ、その後、更に考えさせてもいいのだが、すると嫌気がさす可能性が高いと思ったので、私はあきらめて次のような話をした。

「アメリカ人の言っていることは正しいかも知れないよ。長崎と広島を合わせて20万人余りの人が死んだと言われているけど、原爆を落としていなければ、日本は敗戦を受け入れる決心を付けられず、更に100万人が死んだかも知れない。そんなことはない！　という反論はできないな。それは仮定の話なんだから。

だけど、アメリカの本土は戦場にはなっておらず、日本軍による空爆の心配もなかった。戦争が長引いたとしても、死ぬのは軍人だけだ。しかも、特に戦争の末期には、アメリカ軍が圧倒的に優勢だったこともあって、日本人の死者数に比べれば、アメリカ兵の死者数なんて取るに足りなかっただろう。実際の数字は知らないけど、日本が、軍人と民間人合わせて10万人死ぬ間に、アメリカ兵の死者1人、ということだってあり得たと思う。だけどこの時、その1人をゼロにするためにでも、アメリカは原爆を使ったかも知れない。アメリカにしてみれば、両国で何人死ぬかが問題なのではなく、アメリカ人が死ぬことが問題だったはずだよ。原爆で民間人が多く殺されたということを根拠に、そんなアメリカを批判することは可能だろうか？

さて、ここでひとつこんなことを考えてみよう（注：我が家には娘がこの上もなく可愛がっているAという弟がいる）。もしも今、Aが殺されそうだとする。Aが殺されないようにするためには、お前が手元の武器を使って10万人のアメリカ人を殺す必要がある、そしてそれは可能だとする。さあ、お前はどうする？　Aを救うために、10万人のアメリカ人を殺すか、10万人ものアメリカ人を殺すのは気の毒だからAをあきらめるかだ」

この問いかけは、私の予想をはるかに上回って娘に衝撃を与えたらしい。表情が一瞬にして凍り付いたのが分かった。私は娘の混乱と沈黙を、ある種の痛快感をもってしばらく眺め、娘が答えを出せないのを確かめた上で話を続けた。

「アメリカが日本に原爆を落とすというのはそういうことなんだよ。アメリカはAを助けようとしたんだ。ある意味で当たり前だろ？　敵の10万人の命のために、断腸の思いでAを犠牲にしたとしても、敵が感謝して『負け』を認めてくれるとか、仲直りを申し出るということは起こらないだろう。するとなおさら、自分にとってかけがえのない1人の家族と、名前も顔も知らない10万の外国人とを天秤にかけて身内を犠牲にするっていうのは、ほとんど『アホ』と言ってもいいほどのお人好しだ。通常はあり得ない。

いくら原爆は多くの民間人を巻き添えにしたとか、爆撃の瞬間だけではなく、後遺症で人々を苦しめることになったとか言ったって無駄さ。それがアメリカ人の利害と関係ないというだけじゃない。日本国内について考えてみても、原爆が使われなかった場合、戦争が長引くことによって死んだ人の遺族が家族を失ったことに生涯苦しみ続けることと、原爆後遺症とどう違うの？　どっちが重いの？という話も水掛け論だからね。

だから、原爆のおかげで戦争が早く終わり、犠牲者が少なくて済んだというアメリカ人の主張に、相手が納得する反論をすることは、おそらく不可能だ。アメリカ人の主張はもしかしたら正しいかも知れない。それはそれで素直に認めればいいんだよ。

原爆の被害に遭った人達に、何が何でも原爆の使用を肯定するわけにはいかないという気持ちがあるのは仕方がない。だけどそれはただの感情だな。感情的な結論を出発点にすると、議論っていうのは成り立たず、こじれて、逆に事態が悪化することにもなりかねない。パパはそこを乗り越えられるようにして欲しいわけさ。

いいか？　するとね、問題なのは結局、原爆じゃなくて戦争なんだよ。戦争は命を取るか取られるかの厳しい勝負だ。本当に生きるか死ぬかという時に、人道的とか、ルールを守るとか言っていられるわけがない。戦争をする以上必然的に人間は狂気に追い込まれていくし、そこで数限りない不条理が生まれてくる。そんな中の一つに原爆があった、っていうだけだ。だから、過去の戦争を振り返った時には、あの原爆はけしからん、というような議論もできるけど、この平和な世の中で、将来、戦争になった時に原爆を使っていいかどうか、なんていう議論をすることにはおそらく意味がない。戦争が始まってしまえば、原爆も含めて、どんなことでも起こる可能性がある、戦争とはそういうものなんだ、だから悲惨なんだ、と認めることが大切だ。原爆は二度と使ってはならない、ではなく、戦争は二度としてはならない、しかないんだよ。違うかね？

さあ、だったら二度と戦争を起こさないために、お前には何ができるの？　さすがにこっちはもう少し自分で考えてみろよ」

娘は納得したようだった。が、それよりは、「A１人と10万人のアメリカ人と、どちらを取るか？」という問いに対する衝撃が尾を引いているようにも見えた。さて、娘は自分にできることとして何を考え出すだろう？

核兵器禁止条約（２０１７年８月10日）

昨日は長崎の原爆忌であった。今年は広島でも長崎でも、先月７日に国連で採択された核兵器禁止条約を、「世界で唯一の被爆国」である日本政府が批准しないことに対する強い反発が見られた。反発するのは当然だろうが、批准しないという政府の対応は本当に間違いだろうか？　唯一の被爆国である日本が条約を批准せずにどうする？　というのは、かなり感情的な意見だと私には思える。

思うに、世の中の規則の多くは、それをしっかりと守ることが前提である。一方、すぐに守ることは難しいが、目標として掲げるという性質のものもある。その代表格は、日本国憲法第９条である。今更ながら確認。

第９条　日本国民は、正義と秩序を基調とする国際平和を誠実に希求し、国権の発動たる戦争と、武力による威嚇又は武力の行使は、国際紛争を解決する手段としては、永久にこれを放棄する。

前項の目的を達するため、陸海空軍その他の戦力は、これを保持しない。国の交戦権は、これを認めない。

よく言われるとおり、どう考えても日本の現状はこれに反する。自衛隊の存在は違憲である。「前項の目的を達するため」という条件の「前項」に防衛戦争が含まれていないと解釈し、防衛のための軍隊は第2項の「陸海空軍その他の戦力」に該当しない、というのはやはり屁理屈である。かといって、自衛隊は解散！　とは、私が独裁者だったとしても言えない。

ならば、やはり第9条をこそ書き換えるべきである、ともならない。単純にどうするのが正しいかというだけの問題ではない。改憲を訴える人々に対する総合的な不信感、改憲を機に9条の精神そのものがなし崩しになってしまうという強い不安、そういったものがあって、やはり9条は究極の目標として現状維持すべきだ、というのが現時点での私の考えであり、改憲が実現していない以上、おそらくそれは国民の総意、少なくとも多数意見と言ってよいであろう。

つまり、憲法であれ、法律であれ、条例であれ、条約であれ、規則には必ず守られるべきものと、最終目標や方向性をのみ示して、規定が即座に現実化することは必ずしも求めないものと2種類がある、ということである（後者については「努力義務規定」「プログラム規定」という類似の言葉が既にあるが、以下、前者を「現実規定」、後者を「理想規定」と呼ぶことにする）。

しかし、この2種類がごちゃごちゃに存在することは不都合だ。理由は二つある。一つは、規則の頭に、それが「現実規定」か「理想規定」かが明示してあるならともかく、そうでなければ混乱をもたらす可能性がある、ということである。もう一つは、「理想規定」がある程度以上に増えてしまうと、どうせ実現できっこないけど、とりあえず規則として決めておけ、という軽い動きが生じ、「理想規定」

が理想として機能しなくなってしまう、ということである。

日本国憲法でいえば、「理想規定」はせいぜい第9条だけで十分であり、他は「現実規定」でなければならない。憲法をお題目にしてはいけない。

さて、当の核兵器禁止条約である。私は、世界中の全ての国がこの条約を批准したとしても、それは「理想規定」であると思う。残念ながら、世の中には冷静な話し合いの成り立たない国や組織というのが常に存在する。そして、条約によって核兵器を禁止したところで、最後の手段としての核兵器を手放さない国も、これから開発を進める国も必ず残る。

核兵器禁止条約を作り、良心的な国がそれを守った結果として、横暴な国が世界を支配するようになる、という状況を作るわけにはいかない。すると、核兵器禁止条約はどうしても「理想規定」から脱することは難しい。「理想規定」でもいいというなら批准する。「現実規定」でなければ意味がない、というなら批准できない。日本政府は、アメリカに忖度して批准しないだけだろうが、条約を「現実規定」であるべきだと考える私は、批准しないという結論では同じになる。もちろん、批准しないにしても、核兵器は全廃すべきだという理想は、強く心に持っている必要がある。

最終的に生き残れる国（2022年5月26日）

ロシアがウクライナへの侵略を開始してから3ヶ月が経った。ロシアに戦争を止めさせようと、いろいろな国際会議が開かれ、偉い人達が相談している。もちろん、直接、ロシアを武力攻撃するわけにはいかないので、経済制裁という間接的手段を用いることになる。その中心にあるのは、ロシアの政府や企業、重要人物の海外資産凍結であり、ロシアとの貿易停止である。これはこれで仕方がないのかな、と少し思う。「少し」である。理由は二つある。

一つは、それがどれほどの打撃をロシアに与えるのかよく分からず、それで本当にロシアが戦争を停止せざるを得なくなったりするのかなぁ、と疑っているからだ。

もう一つは、確かに、一刻も早く戦争を止めさせるための一時的な措置とは言え、貿易を停止すると、最終的にロシアは得をするような気がするからだ。この点はもう少し説明が必要だろう。

ロシアと日本に関する幾つかのデータを確認しておこう（『データブック　オブ・ザ・ワールド2022年版』による）。

面積　1709・8万㎢（日本の45・2倍）
人口　1億4593・4万人（同1・17倍）
人口密度　9人／㎢（同0・027倍）
農地　1億2344万ha（同27・9倍）
森林　8億1531万ha（同32・7倍）
原油埋蔵量　148億トン（世界の6・2%、日本の∞）

天然ガス埋蔵量　37兆３９００億㎥（同19・９％、同∞）
石炭埋蔵量　７１７億トン（同15・１％、同∞）

貿易関係、特に石油や天然ガスのロシアからの輸入を停止すれば、この極めて豊富な資源が相当程度温存される。「最終的にロシアは得をする」と言うのは、その点に関してである。今後、目先の利益ばかりを追いかける人間の愚かさに加え、バカな戦争のせいもあって、温暖化は予想を超えて急速に進むだろうが、元々寒冷地であるロシアは、温暖化しても影響が少ない。いや、むしろ温帯化して食糧生産力が上がるかも知れない。暖房用の化石燃料の消費が今よりも減れば、採掘可能な年数はさらに延びる。土地が極めてふんだんにある上、中国と違って、どうにも使いようのない高山や砂漠も非常に少ない。その面積に比べて、食わせることに汲々とするほどの人口もない。どう考えても、ロシアは最後の最後まで生き残れる国である。

一方、日本は、エネルギーのほとんど全てを輸入に頼り、食料自給率も低い。それを増やそうにも人口が多く、土地は狭い。朝鮮戦争のおかげも被りながら戦後復興に成功し、多少のお金を持ったことによって偉そうに振る舞ってはいるが、足腰の全くしっかりしていない、極めて表面的な立場の強さに過ぎない。虚勢を張って生きている、と言えばいいだろうか。しかも、巨額の赤字を抱えている。

日本は身の程を知るべきだ。ロシアにもの申すことを止め、こびへつらって生き残る道を探せ、と言うのではない。国土が狭い上に地下資源に恵まれなかったという地理上の不利益を、金に物言わせて力尽くでごまかし、贅沢三昧の生活をしながら偉そうにするのではなく、身の程を自覚した上で、自給自足で生き残れるつましい社会を目指すしかない、と言うのである。

どうせ最終的に生き残れる国なのだから、ロシアもプラスアルファを求めて余計な戦争なんかしなければいいのに……。ぷんぷん。

テロリストはどちらか？（2023年10月14日）

え、また戦争⁉ と驚いた。単に戦争が始まったというだけではない。ハマスがイスラエルを攻撃したというのが理解できなかったのだ。

イスラエルを攻撃して、イスラエルがそれに反撃しないわけがない。それは反撃を超えて残虐な復讐となることも明白である。しかも、イスラエルの背後にはアメリカがついている。強力なユダヤ人ロビーが存在し、政治も経済もそれによって大きく影響を受けるアメリカが、イスラエルを見捨てることは絶対にない。ハマスはやった以上のことをやり返されて多くの血を流す。そうして自分たちが苦しむことが分かっているのに、なぜイスラエルを攻撃したのか？

9日の新聞では、早々、アメリカのバイデン大統領が「アメリカはイスラエルと共にある。彼らを支援することを怠らない」と述べたことが報じられていた。あぁ、やっぱり！

しかし、ウクライナのゼレンスキー大統領が、「テロは世界のどこにも存在してはならない。人類や世界全体に対する犯罪だからだ」と言ってハマスを非難したという記事を読むと、なんとも釈然としない気分になる。

「テロ」とは、「政治的な目的を達成するために、武力を用いて自分と異なる立場の人に危害を加えること」を言うだろう。ハマス（アラブ人）とイスラエル（主にユダヤ人）、テロリストは一体どちらなのだろうか？　この1週間だけを見れば、それはハマスだ。しかし、時間を100年に拡大すれば、それは間違いなくイスラエルである。

1800年あまり前に、パレスチナの地を追放されたユダヤ人は、離散先の各地で過酷な迫害を受けた。その中でも有名なのが、ポグロムでありホロコーストだ。自分たちの行く末に不安を感じたユダヤ人たちは、20世紀に入る頃、「シオニズム」の旗の下、祖国帰還運動を始める。安住の地を求めて再びパレスチナに戻り、ユダヤ人の国を作ろうとし始めたのだ。しかし、「ここは元々自分たちの土地だった」などと主張されても、それはそこに住んでいたアラブ人の理解の範囲を超えていた。当たり前である。今更そんなこと言われても困る。それがアラブ人の実感だっただろう。私だって、突然知らない人が訪ねて来て「弥生時代、ここには私の先祖が住んでいました。元々我が家の土地だったんですから、立ち退いてもらえますか？」などと言われても、断じて首を縦に振ることは出来ない。しかも、1800年あまり前にユダヤ人をパレスチナから追放したのはアラブ人ではなく、当時そこを支配していたローマ人だった。

そのアラブ人から、ユダヤ人は、最初はお金で土地を買い、やがては武力で土地を取り上げ始めた。

ユダヤ人は1948年にイスラエルの建国を宣言した後も、アラブ人への圧力を緩めない。有名なディール・ヤシン村での虐殺事件を始め、多くのアラブ人を殺し、追放して、つまりはテロによって、アラブ人から土地を奪って作られた国がイスラエルなのである。種子島ほどの土地に220万人が住むというガザの不自然で過酷な生活環境も、そんな歴史的背景を背負っている。

ロシアがウクライナへの攻撃を開始して以降、日本の首相は、よく「力による現状変更を認めない」と言う。その理屈から言えば、ハマスのやったことは悪であり、「テロ」かも知れない。しかし、80年の時間の流れの中で、イスラエル建国当時のいきさつを忘れ、いかにもイスラエルが大昔から存続してきた国であるかのように誤認し、そこへの攻撃を「テロ」と呼ぶのは軽率だ。現実の損得問題として、ハマスがイスラエルを攻撃したことは理解不能だが、そうしたくなる気持ちだけはとてもよく分かる。

ともかく、戦争は起こってしまった。次に私が恐れるのは、イスラエルがガザ絶滅作戦を実行する以上に、ヒズボラやフーシ派などの反イスラエル武装組織が機に乗じてイスラエル侵攻を開始し、戦争がパレスチナ全体に拡大すること、更にはイスラエルの背後にアメリカ、パレスチナ・アラブ人の背後に他のアラブ諸国やイランがつき、更にはロシアや中国の動き次第で、パレスチナ紛争が全地球規模での紛争になってしまうことである。

人を殺さないで欲しい。地球環境が絶体絶命の危機的状況にある中で、エネルギー資源の浪費を止めてほしい。つまりは、戦争を止めて欲しい。それ以外には何もないのだが、やっぱりハマスによる攻撃を一方的に「テロ」と難じるのは良くない。そして、誰かが「テロ」だと言い出せば、よく考えもせず、ハマスをテロリストと信じて非難する人が現れる。少なくとも、私はアラブ人にかなり同情的だ。

情けは人のためならず（2023年10月31日）

ガザの状況が見るに堪えない。イスラエルが残虐な復讐を行うことは予め想定されたことなのだが、それでも、実際に起こっている出来事は、私の予想を上回るようにも思う。

特に驚いたのは、国連事務総長に辞任を要求したという問題だ。私が見たところ、今の事務総長グテレス氏は立派な人物である。今回の紛争への対応を見ていて、その思いは更に強くなった。

今回の事件が起こった直後、ガザの検問所が閉鎖され、物資の供給ができなくなった。私は、これは大変だ、国連の事務総長が直接乗り込んで交渉するくらいの荒技が必要だな、と思った。そうしたところ、私がそんな思いを抱いた時、グテレス氏は既にニューヨークを出発し、実際にガザに向かっていた。おかげで、必要量からすればわずかとは言え、早々に物資の搬入が始まった。

そのグテレス氏は、ハマスの攻撃を正当化できないとしつつも、「何もなく突然起きたわけでもないと認識することも重要だ。パレスチナの人々は、56年間、息苦しい占領下に置かれてきた」と述べた。イスラエルの辞任要求はこの発言に対してである。イスラエルによれば、これはテロを容認する発言なのだそうだ。

イスラエルの人々は、本気で、現在の国土を何の瑕疵もない正統なものと思っているのだろうか？　ハマスもヒズボラも、あるいはそのような非国家的な軍事組織ではないにしても、多くのアラブ人たちがイスラエルを批判的に見ていることは、まったく根も葉もないことではあり得ない。イスラエル人がそのことを完全に忘れ、グテレス氏の発言を聞いて良心の痛みをまったく感じないとすれば、それは人間として異常だ、と思う。

「情けは人のためならず」ということわざがある。「人に情けをかければ、回り回って自分に返ってくる。だから人には親切にせよ。」という意味だ。

イスラエルがガザに徹底的な報復攻撃を加えれば、他国のアラブ人たちにも強い憎しみが生じる可能性が高い。憎しみは連鎖し、イスラエルは今まで以上に外からの攻撃に神経をすり減らさなければならなくなる。世界中に住むユダヤ人が、テロの対象になることもあり得るだろう。今のようなことをしていれば、ユダヤ人は永遠に安住の地も時間も得られない。

グテレス氏のみならず、世界中の人が、ハマスの攻撃には理由があるのだということをイスラエル人に教えてやらなければならない。その上で、「情けは人のためならず」、すなわちアラブ人に対して寛容に接することこそが、自分たちが他の人に寛容に接してもらえることにもなるのだ、それでこそユダヤ人にとっての平和も実現するのだ、ということを理解させる必要がある。私は、１９４７年の国連によるパレスチナ分割決議に立ち返り、それを認めて遵守することが最低限必要で、現実的な解決策だと思っている。

夢も希望もない、正視できないような悲惨で愚かな現実が生じている一方で、かろうじて希望を感じることが出来るのは、世界のユダヤ人の中には、双方の停戦、更にはイスラエルに対してそれを訴える動きがあるという報道だ。そうそう、それが正しい行動なのだよ。ガザの人々のためにではない。ユダヤ人のためにだ。

私は１９８４年に、イスラエルとその周辺諸国を1ヶ月半ほど旅行したことがある。アラブ人もユダヤ人も、個人として接すれば本当に親切で善良な人たちが多い。なのに、組織とか国家というレベルになると、なぜこんな風に狂い、殺伐とするのだろう？　本当に人間は分からない。おそらくダークマターや宇宙の果てよりも難しい問題だ。

戦争倫理学（２０２2年9月15日）

日曜日の毎日新聞「語る」欄に、東京工大教授・真嶋俊造氏への大きなインタビュー記事が載った。「戦争倫理学」の専門家らしい。記事によれば、戦争倫理学とは、戦争がなぜ悪なのかを倫理学的視点で考える学問である。へぇ！　驚いた。戦争がなぜ悪かは、倫理学の専門家がいちいち考えなくてはならないほどのことなのか？　という驚きである。

真嶋氏によれば、「戦争の正義」を判断する基準は次の六つである。

①正当な理由、②正当な機関（国家や国際機構）、③正しい意図、④最終手段（他の非軍事的措置が尽くされた）、⑤成功への合理的な見込み、⑥結果の比例性（戦争によってもたらされる善と悪が釣り合う）

これら全てが満たされればその戦争は正しく、どれか一つでも満たされなければ不正となる。

私は昔から、正しい戦争があるとすれば、受けて立った時だけだろうと思っている。つまり、攻撃を仕掛けた側に正義はない。ただし、受けて立った側の戦争は正義と評価し得る。これは、戦争を全体として見るのではなく、当事者の視点で見る考え方だ。

一方、真嶋氏によれば、仕掛けた側についても「正義」はあることになるのだが、認められるべき「正当な理由」「正しい意図」が何か、具体的な例がなければイメージできない。少なくとも、私には思い浮かばない。例えば、某国で重大な人権侵害が行われていたとして、それを解決させるために戦争という手段に訴えることは、人権が世界における普遍的な価値観になりきっていない以上、一部の人間にとっての正義でしかない。

また、ロシアはウクライナをすぐに攻略できると思って戦争を始めた。第1次世界大戦だって、短期決戦が想定されていた。戦争における「成功への合理的な見込み」ほどあてにならないものはない。

最近私がよく思うのは、戦争は環境との関係で絶対悪だ、ということである。気候変動の深刻さはほとんど絶望的であって、この期に及んでそれが分からないというのは、地球上で人として生きる資格がない、とまで思うほどだ。まさに「戦争なんかしている場合ではない」のである。

戦争ほど大きな資源消費＝環境破壊は存在しない。１９９７年の京都会議の時に、アメリカの強い求めによって、軍事機密との関係で軍事行動による二酸化炭素排出量を秘密にしてよいことになったため、戦争が実際どれほど大きな資源消費であるかは分からないのだが、それは世界の温室効果ガス排出量の１～５％を占めると言われている。そもそも、命がかかっている場で、資源消費のことなんか問題にしている余裕があるはずがない。戦闘機、戦車、戦艦、いずれも燃費の悪いものばかりであろうが、加えて、それが街を破壊し、国土を荒廃させると、やがては復旧させなければならないわけだから、二重の資源消費が行われることになる。その悪影響は、戦争をしている当事国だけではなく、地球全体に及ぶ。もはや、地球にはそれを許容するだけの余裕がないのだから、戦争はあまりにも悪が大きすぎて、釣り合う善が存在しないということになるはずだ。

地球温暖化に悪影響を及ぼすものを絶対悪と考えてしまえば、条件⑥が成り立つことはなく、どれか一つでも満たされなければ不正なわけだから、もはや六つの基準は不要だ、ということになる。倫理学者は、当事国同士のことだけ考えて、戦争の環境への影響というのは考えないものなのかな？「正しい」や「合理的な見込み」の曖昧さも含めて、どうも不思議な議論に見える。

現在予想されている通りに地球環境が悪化すれば、戦争の勝者であるか敗者であるかに関係なく、生き延びることは難しい。全ての原点に「少しでも多くの人が生き残れるようにすること」を置けば、環境問題を無視することは絶対に出来ず、戦争をすることもできない。物差しとして非常に分かりやすいではないか。「偉い」学者先生の言うことは、凡人である私にはよく分からない。

「環境優先」の価値観を（２０１４年９月２日）

今日の河北新報に、温暖化に関する私の文章が載った。なぜ、このような国家的問題を全国紙にではなく、地方紙に送ったかというと、敷居の低さと、私が「暗殺」を恐れていることとによる（笑）。

「広島で大規模な土砂災害が起こり、多くの犠牲者、行方不明者が出た。なんとも胸が痛む。思えば、今年になってからだけでも「観測を始めてから最多（最高）」とか「記録的な」という言葉を、いったい何度耳にしたことだろうか。「7月としては過去最強クラス」と言われた台風の襲来もあった。これらの異常な自然現象がまったくの偶然であるとはもはや思えない。どう考えても温暖化、特に海水温の上昇が原因となっているに違いない。それが年々激烈な気象現象を引き起こし、大きな被害をもたらすようになっている。

今後も状況が急速に悪化していくであろうことは、あらゆる提言・報告が示している。昨年9月に発表されたＩＰＣＣ（気候変動に関する政府間パネル）の第5次評価報告書では、人間の活動が原因で地球温暖化が起きている可能性は95％以上であり、今世紀末には最大で気温が4・8℃上昇し、海面水位は82センチ高くなるとの見通しが示された。また、今年6月に環境省が発表した予測では、地球温暖化が今のペースで進んだ場合、真夏日が今世紀末に全国平均で52・6日増えるという。

昨年の西日本を襲った猛暑は記憶に新しい。国内観測史上最高の41・0℃を記録したあの暑い夏でさえ、西日本の平均気温は平年を1・2℃上回っただけであることを思うと、4・8℃の上昇というのは想像を絶する過酷な気温変化だ。IPCCは、温暖化を放置した場合、「多くの生き物が逃げ切れない」と言う。

私が不思議なのは、これだけ温暖化による異常気象が増え、それが人間の経済活動によると高い確率で分かっていても、経済を犠牲にしてでも生きていける環境を取り戻そうという話にならないことだ。強盗にピストルを突き付けられた人は「何でもやるから命だけは助けてくれ」と言うだろう。環境と人間との関係は今その段階にある。痛みを伴わずに環境問題が克服できるとは思えない。飛行機や自動車を野放しにし、多くのものを宅配便で取り寄せ、使い捨て容器が身の回りにあふれる。それが経済発展だなどと喜んでいられる時代は終わったということを一刻も早く認識すべきである。

気温の上昇など気象現象の変化が、人間の経済活動によると完全に断定できるわけではないと言う人がいる。だが、こと生存をめぐる問題に関しては、白か黒か分からないことは黒だと考えるのが当然なのではないだろうか。環境問題はグローバルな問題であって、日本だけが努力しても始まらないとの意見も多いだろう。だが、これについても、全ての国が合意できなければ何もしないのでは、おそらく最後まで何も始まらない。一人で実行することは難しいかもしれないが、一つの国全体でならできる。

人は欲望を満たすことを「豊かさ」とし、それを実現させるために努力を重ねてきた。だが、その豊かさは「石油を燃やすこと」でもあった。今、その価値観を根本的に変えることが必要なのである。東日本大震災の時、私たちは平凡な日常の幸せを思い知った。「豊かさ」に代わる「幸せ」は、きっと見つけ出せる。

地球を使い捨てにせず、子どもたちが大人になった時に、竜巻や豪雨におびえることも、食糧不足に苦しむこともないよう、安心して生きていられる世の中をつくりたい。」

物事は自分が希望するように動くと考える（２０２１年１月27日）

朝日新聞の土曜版「ｂｅ」に「ののちゃんのＤＯ科学」というコーナーがある。先週のテーマは温暖化で、「温室効果ガス、どう減らす?」と見出しが付いていた。おぉ、私が人類の危機として最も深刻視しているものでありながら、学級通信では久しく取り上げていないような気がしたので、よしいずれこの記事をネタに使おう、と思いながら読み始め、間もなく失速してその気が失せてしまった。私が問題と感じたのは次の部分である。全て、ののちゃんの質問に答える先生の言葉だ。

「快適さや便利さと温暖化対策は、必ずしも相反するものじゃない。例えば、家で使う電気を、二酸化炭素を出さない再生可能エネルギーで作ったものに替えたらどうだろう。」

「再生可能エネルギーによる電力会社があって、切り替えられるよ。先生の回りには『電気代が安くなった』という人もいる。」

「走っているときに二酸化炭素を出さない電気自動車を勧めてみたら?」

「快適さや便利さと温暖化対策が相反するものではない」というのは、以前、福田康夫という人が首相だった時に、ずいぶん力説していたのを鮮明に憶えている(在任時＝2008年のサミットで、温暖化問題が重要な議題になったからだろう)。その後、今の政府に至るまで、ことごとく同様のことを言っている。最近よく耳にするのは、「温暖化対策がビジネスチャンスだ」という言い方だ。そのチャンスを生かすことに成功した場合、今よりも更に豊かな生活が可能になるというニュアンスを帯びている。

「再生可能エネルギー」は、本当に再生可能エネルギーなのだろうか? 我が家にも太陽光発電パネルというものが付いている。それはほとんど石油の力によって作られ、設置され、老朽化した時には処理されるものである。それらに費やされる化石エネルギーと、運転中に得られるエネルギーの差し引きがどれくらいなのか、私は知らない。風力発電の巨大な風車、特に海上の風力発電機は、その建設だけを考えてみても、膨大な石油を費やして作られているだろう。また、バイオマスでも、廃材がそれほど膨大、継続的に供給されるとは到底思えないから、パーム油や、パーム椰子殻の投入も行われるに違いない。パーム椰子を育てるために熱帯雨林を切り開くことや輸送による環境負荷を考えると、本当にそれは再生可能エネルギーと言われるほど環境負荷が低いのだろうか?

ガソリンエンジン車を２０３０年以降販売禁止にするという日本政府の方針は、最近大きな話題になった。もちろん、自家用車が禁止されるのではない。入れ替わるように言われるのは、電気自動車の普及だ。しかし、電気自動車を作るためにも多くの石油が必要だし、電気をどのようにして供給するかということは、信じがたいほど話題にならない。「走っているときに」と答える先生は正直で良心的ではあるが、ののちゃんの疑問に対する答えにはなっていない。

つまり、快適さ・便利さと温暖化対策は矛盾しない、再生可能エネルギーがある、電気なら二酸化炭素が出ない、などと言いながら、これらが本当に環境にいいかどうかはまったく情報が提供されていないのである。現象の末端部分だけが、さも素晴らしいことであるかのように語られ、その現象を支える背後については触れられないのだ。

温暖化という怪物を前に、その解決の絶望的なまでに困難であることを察知した人間は、ほとんど無意識のうちに、「見たいと欲する現実しか見ない」「物事は自分の希望するように動くと考える」という究極の自己防衛を図る。もちろん、この自己防衛は、ただの「現実逃避」である。

環境問題を克服したいと本気で思うならば、私たちの日々の活動が、どれほどの石油（化石燃料）消費の上に成り立っているのか、まずはごまかしなしに可視化することが第一歩だ。私たちが移動する時に、何かの物を手にする時に、どれくらいの石油消費によってそれが実現したのか、全てのこと・物について明示すべきなのだ（食品に付いている原材料やカロリーを書いたシールのような形でいい）。そうすれば、電気自動車や風力発電などが、どれくらい化石燃料の消費を抑えることになるのか、リサイクルが本当に資源の節約になっているのかといったことが明瞭になる。それをしないまま語られる環境対策には、きっと「臭い物に蓋」式のごまかしがある。

「快適さや便利さと温暖化対策が相反するものではない」と、本当は私だって信じたい。しかし、どうしてもそれを信じるための具体的な材料が探せないのだ。せめて、電気自動車の電気をどのように供給するかくらいはもっと明瞭にして欲しいと思うが、そんな基本的なことさえ、答えはおろか、悩んでいる気配さえ探せない。だが、太平洋戦争がそうであったように、おめでたくも「見たいと欲する現実しか見ない」「物事は自分の希望するように動くと考える」などしているうちに、もはや事態は完全に解決不可能な状況に陥ってしまう。それはあまりにも明白な「歴史の教訓」である。

プラネタリー・バウンダリー（２０１8年8月19日）

今日の河北新報「持論時論」欄に、某氏による地球温暖化を念頭に置いた「相次ぐ異常気象　貪欲な経済活動再考を」という投稿が載っていた。結びの部分だけ引いておく。

欲を少なくして足るを知り、浪費を戒める道徳的規範がかつての日本にはあった。これらの規範を無視し、貪欲な経済活動によって地球を破壊し、大災害が毎年のように発生しても反省することができない人類は、万物の霊長と呼ぶにふさわしいのだろうか。

古来、ヨーロッパ人が自然と対峙し、それを克服しようとしたのに対して、日本人には自然と共生する思想があった、とはよく言われることである。今の日本人を見ていて、私にはそれがいわばDNAレベルでの日本人の国民性ではないことがはっきり分かる。ただ単に、技術と資源がなかっただけである。

その日本人が、文明開化のおかげでひとたび技術というものを手に入れ、輸入という方法によってエネルギー資源を手に入れるや、あさましき自然の破壊者に姿を変える。「自然との共生」がDNAレベルでの国民性なら、そのようなことは絶対に起こるわけがない。自然を壊すことについてのためらいのなさは、ヨーロッパ人を上回るようにさえ見える。

温暖化と言えば、夏休み中に目にした新聞記事で最もインパクトが大きかったのは、8月2日朝日新聞「オピニオン&フォーラム」欄に載ったストックホルム・レジリエンス・センター所長のヨハン・ロックストローム氏へのインタビュー記事だ。氏は「プラネタリー・バウンダリー」の研究を主導した。「プラネタリー・バウンダリー」とは、「地球の限界」という意味である。自然環境というのは、ある範囲までなら努力によって改善が可能だが、限界を超えてしまうと、その後いくら二酸化炭素を減らすなどの対策を取っても状況が回復しなくなる、その限界点を見極める研究である。限界値は産業革命以前+1・5℃で、もう目前に迫っている。

「回復力があるうちは、温室効果ガスを生物圏内にとどめておくことができますが、弱ったところにエルニーニョや熱波など、ちょっとした一撃が加えられて転換点を超えれば、地球は別の状態に変わり、元には戻れなくなります。」。つまり、限界を超えると、自然は大暴走を始めて制御不能になる、と言うのだ。

地球の回復力には亀裂が生じています。それを示す出来事が最近ありました。２０１５年と16年、増え続けてきた世界の二酸化炭素排出に歯止めがかかりました。大気中の二酸化炭素濃度上昇にもブレーキがかかると思ったら急上昇したのです。人間が二酸化炭素排出を削減したのに、森林や海などの自然生態系がこれまでのように吸収しなかったのです。森林火災や干ばつが増えて二酸化炭素吸収量が減るエルニーニョの年ではありましたが、回復力喪失のサインでしょう。自然も潜在的な二酸化炭素排出源になり得るのです。

恐ろしいことだと思う。だが、私には自然なことと納得できる。私は日頃から、自然界の現象は必ず加速すると考えているが、それと通じるものがあるのだ。

今自分たちがやっていることの全てが、地球環境悪化の遠因となり、豪雨や猛暑の記録にも結びついている、という意識はゼロである。上から下への「ご指導」をあまりいいとは思わないが、学校教育、その他社会的な啓蒙活動、批判運動は必要だ。

だが、今月に入ってからも、宮城県では、仙台空港の離着陸時間延長への動きがあったり、猛暑が景気を押し上げているという歓迎調の論評が見られたりした。今夏（7月だけ？）のペットボトルの消費量が57億本に達した、とかいう話も聞いた。背筋の凍るような数字である。数字が恐ろしいのではない。そのような消費をものともしない人間の感覚が恐ろしいのである。

　そしてその意識が政治家を選んでいるわけだから、なるほど、政治家に期待はできず、悪循環は加速するわけだ。温暖化について作文でも書かせれば、おそらくほとんど全ての人が、「自分ができることから始めたい」と書くはずだ。しかし、その「自分ができること」のレベルは低すぎて話にならない。聞くところによれば、車で燃やす1リットルの石油で、レジ袋が50枚作れるらしい。エコバッグを持ち歩くなどというのは、「焼け石に水」のレベルにすら到達しないことである。

安すぎる石油と安すぎる米（2021年10月20日）

　ガソリンが7週間連続で値上がりし、1リットル164円になったという話が、さも一大事という風に報道されている。例によって私は、バカではなかろうかと鼻で笑っている。燃やせば絶対に再生できない有限資源を、自分の金で買ったのだから何に使おうが文句はなかろうと、遊ぶために、楽をするために、何のためらいもなく消費する方がおかしい。

　しかも、今や温暖化の問題は切羽詰まっている。それを意識しながら石油の消費を自ら抑制できないなら、人間が生き延びてゆくためには、石油が使えない環境になるしかないではないか。そのためには、自然であれ人為であれ、値段が上がるというのが一番いいのである。私は、少なくとも1リットル500円にはなるべきだと思っている。政治がやるべきことは、石油の値段を下げるために産油国と交渉したり補助金を出したりすることではなく、1リットルが500円になっても、いや、1000円になっても、5000円になっても死者が出ないように、社会構造を変化させていくことだ。

一方、それとは全く逆の意味で、米の値段が安すぎる。8月に我が家では、新米が出る前の底値だろうと言って30kg6980円のササニシキを買った。なにしろ我が家には育ち盛りの大食い少年がいるので、安いというのはありがたいのである。しかし、10月になって、新米が更に安い6500円ほど（正確な値段失念）で売られているのを見た時には、悔しいとか、驚くとか言うよりも、これはまずい！　と思った。どう考えても正常な値段＝物の価値とは思えない。命を支える主食の小売値が、30kgと言えば我が家でも1ヶ月分にはなるのに、コンサートチケット1枚、スマホの1ヶ月分の料金以下だというのは、どう考えても変である。これでは、農家の方が仕事にやりがいを感じられなくなってしまったり、子どもに後を継がせられないと考えるのも当然だ。

労働力や命との関係における必要性が、正しく値段に反映される世の中であって欲しい。

また田んぼが消える（2023年9月10日）

一昨日の「石巻かほく」という超ローカル紙トップ記事は、「合庁南に大型商業施設」というものであった。当該地区の大きな写真も添えられている。写真というのは、収穫直前の田んぼの写真だ。これでまた石巻が更に発展する、と喜んでいる人が圧倒的多数派なのだろうけど、私なんかは「あぁ、またか……」と暗い気持ちになる。東松島・柳の目地区と言えば、巨大なイオンタウンがあり、その周りに大規模店舗がたくさん建ち並んでいる石巻の新都心から、せいぜい徒歩で20分ほどの所だ。なぜそこに大規模商業施設が必要なのか理解に苦しむ。しかも、そのための土地は田んぼで、その商業施設に集まってくる人たちはほとんど全て、石油を燃やし、車で来るのだ。

また、全体の需要量は一定で、むしろ少子化・過疎化によってじり貧のはずだ。だとすれば、新しい商業施設に集まる人というのは、他のどこかから流れてくるということになる。ということは、それによって閑古鳥が鳴き、閉店に追い込まれる店ができるということだろう。

田んぼは一度つぶしてしまうと元には戻らない。新しい大規模商業施設の影響で閉店する店が出たとしても、その跡地は当然田んぼにはならない。こうして、食料自給率38%の国の、大切な大切な食糧生産の場がまた少なくなる。

電車で仙台に向かうと、岩切~東仙台で、田んぼを埋め立てて大規模土木工事が行われているのを目の当たりにする。JR貨物のターミナルを宮城野原から移転してくるための工事らしい。JR貨物が独自に始めたものではない。宮城県が、現在の貨物ターミナルに広域防災拠点を作るとかで、そこから押し出されてやって来るのだ。巨大土木工事大好きな宮城県知事のたいへんご立派な「政治手腕」なのだそうだ。

どうして「農業用地」を「商業用地」にすることを簡単に（かどうかは知らないが……）認めるのだろう？　ただでさえも食料自給率が極端なまでに低い日本である。「食料安全保障」という言葉もある通り、自力で食べていけない国を作ることは、国民の安全そのものに直結する大問題である。今の日本（政権）が「自由で開かれたインド太平洋」の維持を訴え、日本を取り巻く国際情勢の悪化を口実に、防衛費を大幅に増やそうとするのも、本当の意味での「正義」を目指しているからではなく、単に日本が石油と食料を輸入できなくなると困るからに過ぎない。

もっとも、仮に田んぼの売却、農業用地から他用途地への転換を禁止したとしても、後継者不足による廃業を禁止することはできない。だからこそ、もっと長期的に、もっと広い視野で日本の農業＝食糧確保を考えなければならないのだ。特に農業用地は、他の様々な物と同じように、個人の持ち物だからといって個人の判断に任せてしまうわけにはいかないのだ。

あらゆる物の値段が上がっている。これは私も痛切に実感し、負担感をはっきりと感じるほどのものだ。仕方がない。構造的にそうならざるを得ない状況があるのだから……。しかし、それでも米は30kgが７５００円そこそこで売られている。野菜類も、さほど値上がりしている感じがしない。毎日ではないけれど、探せばやっぱりキャベツは98円で、キュウリは1本40円弱だ。

全ては近視眼的な政治と、それによって作られた社会構造の故である。あ～あ、あそこの田んぼがまた消えるのかぁ……新聞を見ながら深いため息をつく。

奥新川に明るい未来（２０２３年５月20日）

昨日の河北新報社説は「『奥新川』終焉の危機」というものだった。仙台の市街地から西に30㎞あまり、作並《さくなみ》温泉の更に奥、広瀬川の源流に奥新川《おくにっかわ》という場所がある。ＪＲ仙山線に奥新川という駅があり、深い山の中に直接列車で入ることができる。しかし、社説は次のように始まる。

ＪＲの駅前に人影はほとんどなく、自然のさまざまな表情を楽しめる山道は既に廃止された。広瀬川に至る清流には、通行禁止のすすけたつり橋が架かる。これが、かつて多くの仙台市民に愛された観光地「奥新川」の現在だ。

確かに、私が小中学校の頃は、仙山線の列車から多くの人が降り、ハイキングや芋煮会（宮城・山形で盛んな野外鍋イベント）を楽しんでいた。５年あまり前までは市営のキャンプ場もあった。集落というほどではないが、２～３軒の店があって、芋煮会の道具を貸し出したり、飲食を提供したりしていた。奥新川の下流側、奥新川駅と作並駅との間に、八ツ森という臨時駅（２０１４年廃止）があり、新緑と紅葉のシーズンには列車が止まった。八ツ森～奥新川間は新川《にっかわ》と言って、こちらにもハイキングコースがあった。

私が初めて奥新川に行ったのは、おそらく小学生の時だ。以来、何度となく足を運んだ。就職後は、ワンゲル部の諸君を連れて、沢登りの真似事をしに行ったこともある。水はきれいだし、危ない所も全然ないので、安心して生徒を引率できた。駅前正面から沢に入り、仙山線の面白山トンネル入り口まで往復するというものである。鉄道を敷設した時の都合なのか、ところどころトンネルで地下水路化しているのだけが玉に瑕だが、鉄道で山奥に直接入れる場所は貴重である。

その後は行っていない。2~3年に一度、仙山線に乗った時に、駅の健在を確かめて少し安心する程度だ。その駅も、昨年からは冬期間すべての列車が通過するようになった。

さて、社説は「(秘境奥新川の)実態は『見放されつつある辺境』に近い。奥新川の歴史が、このまま終焉してしまうのではないかと危惧せざるを得ない」と書く。少し同感だ。しかし、社説が、奥新川がさびれてしまった原因について、「衰退を止められずにいるのは、一帯の整備や管理に関わってきた機関が絡み合っていることが大きい。」とするのは、決して正しくないと思う。

奥新川には、一応車で行くこともできる。作並温泉の側から細い未舗装(現状は未確認)の山道が付いているのだ。しかし、あまり一般的ではなく、駅周辺の駐車スペースが限られていることもあって、人は基本的に列車で行っていた。これがさびれた原因だと思う。横着な今の人間は、車で行ける所にしか行かないのだ。だから、ハイキングコース再整備以前の問題として、奥新川の復興を期するなら、まずは車で行きやすいように道路を整備することから始めるといい。そして昔のキャンプ場をオートキャンプ場にするのだ。

と書くのは、もちろん私の本意ではない。車は環境負荷が大き過ぎる。奥新川は列車でしか行けない場所であってこそ、値打ちがあるのである。車道を整備しない限り人が行かないというなら、そのまま朽ち果てさせればよいと思う。それは奥新川がより一層自然豊かな場所に戻るだけのことであって、自然の側から見れば、「衰退」でも「終焉」でもないからである。明るい未来だ。

物を大切に使う文化を！　県美術館移転について（2020年2月2日）

宮城県美術館は、1981年に前川国男の設計によって建てられた。仙台二高と東北大学に隣接する、仙台市の文教地区と言うべき場所にある。昨年3月には県によって改修方針が示されたのだが、11月になって突然、4㎞ほど離れた宮城野原に移転するという案が提示された。県民会館を移設するにあたり、美術館を併設するという形での提案だった。敷地に余裕があるのと、長い目で見た時、移設（新築）よりも改修する方がお金がかかるといったことが理由として語られている。

寝耳に水だったこともあって、その後、8割を占めるとも言われる反対派を中心に、いろいろな意見が飛び交っている。地元紙である河北新報には、ほとんど毎日と言ってよいほど、投書を中心に意見や情報が掲載されている。

移転の話を聞いた時、すぐに頭に浮かんだのは、ああ、今の県知事が考えそうなことだな、ということである。「富県・宮城」を旗印に、土木工事が大好きな人なのだ。今の建物を壊し、新しい建物を作った方がより多くのお金が動く。経済効果が大きい、ということなのだろう。

多数派に入ることの非常に少ない私としては珍しく、私も反対である。

巨大な鉄筋コンクリートの建物である。40年も経たないうちに、老朽化により解体というのは信じがたい。現在、私は2～3年に一度しか足を運ばないが、「老朽化」を感じたことはない。本当に50～60億円も改修費用がかかるほどに老朽化しているのだろうか？（ちなみに新築なら100億円は下らないようだが、施設の複合化による国の交付金がある上、当面改修の必要がなくなるので、結果として安くつくというのが県の論理）。

環境問題に並々ならぬ危機感を持つ私は、美術館の解体・新築によって膨大な資源・エネルギーが費やされることを恐れる。実にもったいない。多少お金がかかってもいいから、「物を大切に使う」という姿勢を見せて欲しい。仮に、県が言う通り修理の方が高くついたとしても、それは税金の無駄遣いではない。公共の施設だからこそ、あえて範を示して欲しいのだ。

ヨーロッパの歴史的建造物はおそらく全て、大切に使われることで、古びたものの持つ良さを醸し出すようになっている。建物そのものに大きな価値があると言われる宮城県美術館であれば、なおさら、そのような道を歩むべきだ。経済効果を常に重視し、少し古くなったら壊して作ればいいという発想の主には、歴史を超えて生き残っている美術品の価値でさえ、「オークションでいくらの値がついた」というレベルでしか考えられないんだろうなぁ……。

第3章　家族と経済をめぐって

遅すぎる少子化（2023年4月12日）

今日の河北新報に、少子化に関する私の作文が載った。なにしろ、少子化問題については、右から左まで解決させるべき大問題だという点で一致している。こういう時こそ、「本当に困った問題なのか？」と立ち止まって考えてみることが大切だ。

少子化の問題には、人口そのものに関することと、年齢構成のバランスに関することという二つの側面があるのだが、今回は制限字数の関係で、前者しか問題にすることが出来なかった。

新聞社が付けたタイトルは「人口減対応の社会築け」で、文面は次の通りである（一部改）。

「2月末に発表された厚生労働省の人口動態統計（速報値）によれば、昨年1年間に生まれた子どもの数は7年連続で過去最少を更新し、初めて80万人を下回った。出生数・人口減少のニュースは年中行事と化している感があるものの、速報値での80万人割れは国の推計より11年も早い。

思想的立場がかなり異なる人々も含め、少子化に関しては、それが困った問題だという点で一致しているように見える。だが、果たして少子化は本当に「困った問題」なのだろうか。

物事というのは、極端な設定をしてみると、その意味がよく分かる。例えば、少子化が解決して人口増に転じ、日本の人口が2億人になったらどうなるだろう。恐らく、食料確保や生活環境の維持などで深刻な問題が多数発生するに違いない。実際、人口が1億人を超えた1970年代半ばに、政府の人口問題審議会は、それらの問題との関係で、人口の増加を抑制し、人口静止状態を目指すことが必要だと提言している。

資源や環境に対する問題意識から、近年は「持続可能」であることの必要性がよく言われる。人間の社会を長く存続させていこうと思えば、当然のことであろう。そして究極の「持続可能な生活」とは、輸出入と地中からの資源採掘をゼロにしても成り立つ自給自足の生活以外にはあり得ない。

それが可能なのは、実際にそのような生活をしていた江戸時代末期の人口、すなわち約3000万人と考えるのが合理的である。ただし、それは当時と同様の水準で生活をするなら、であって、より多くの樹木を燃やして当時以上の生活水準を確保しようとすれば、3000万人さえ多すぎるはずだ。

今回の人口動態統計での死亡数から出生数を差し引いた自然減約78万人を基に、毎年80万人ずつ人口が減ると仮定しても、現在の人口約1億2460万人が1億人を割り込むには30年以上、3000万人になるには120年もの時間が必要だ。今の減少ペースは、むしろ遅すぎるくらいであり、決して速すぎるということはない。

何事も変化は痛みを伴う。特に、「減少」は人間の本能と資本主義のシステムに逆らうため、なおのこと、その痛みが大きい。だが、人口を減らすことは、国土が狭く資源もない日本で私たちが生き延びるためにはどうしても必要なことである。

政府が取り組むべきは、出生数を増やすことではなく、少子化に対応できる社会を設計する、ということではないだろうか。

少なくとも、現在の社会システムを絶対不動の前提として、少子化をストップさせようというのではなく、「本当に少子化は問題なのか?」と立ち止まって考え、メリットとデメリットを冷静に比較しながら、日本において適正な人口とはどれくらいか? それをどのように実現させていくのか? ということを、その根拠とともに探し求めることが必要であろう。

マスコミにも、そんな根源的な問題提起をこそしてほしい。」

少子化の起源について（2014年7月8日）

昨日は、仙台で某新聞社仙台支局長Y氏による「子供と経済について」という講演を聞いた。お話の最後に、「少子化について、教育者（学校のセンセ）の発信が足りないのではないか」という問題提起があった。私にはその意図がよく分からなかった。教育者の発信が足りないという場合、

Y氏は、教員が生徒に「将来もっと子どもを産みましょう」などという働きかけをすることを期待しているのだろうか？　Y氏が、アベノミクスの三本の矢のひとつ、「成長戦略」との関係で、政府が「50年後に1億人程度の人口を維持する」と言っていることを話のきっかけとして肯定的に扱っていたことからしても、Y氏はそれに同調していた可能性が高い。

だが、少子化というのは、国の借金の返済や経済成長の維持といった問題との関係でだけ考えれば「悪」であることに疑いの余地はないが、それら問題を一歩離れると、決して「悪」とは言えない。食糧自給や環境問題を中心に考えると、少子化はむしろ歓迎すべきことである。しかし、そう言う一方で、実は私も、少子化は困った問題だと思っている。理由は経済問題ではない。

少子化の原因を考えてみよう。私が考えるキーワードは二つだ。「エゴイズム」と「自然からの乖離」である。もしかすると、それらは同じことの表裏かも知れない。

「エゴイズム」というのは、自分自身の現在の楽しみのために、結婚・子育てという面倒なことを避ける、ということである。私の知る範囲にもおびただしい独身者がいて、一部は、結婚・子育てをする気がありながら、「縁」に恵まれないために独身状態にあるのだが、一方で、気楽な生活を妻や子供という拘束によって失うのが嫌で、積極的に独身を維持している人もいるようだ。今の自分が、両親をはじめとするどれほど多くの人の時間を奪って成長し、存在しているのかということを忘れ、自分を自分のためだけに使う生活をするのは、やはり「エゴイズム」なのではなかろうか？

子供を産み育てる環境が不十分だ、もっと社会的に支援しないと、などという意見がもっともらしく語られるのをよく聞くが、笑止千万。人間は古来、どんなに劣悪な環境でも生み、育ててきたのだ。家を新築し、立派な車に乗り、携帯電話やパソコンを持ち、それでいて経済的に子育ては難しいなどと文句を言うとしたら、それもまた「エゴイズム」の一種であろう。

「自然からの乖離」とは、本来、食べることで命を保ち、生き物としての自然かつ当然の営みによって子孫を残してきた人間が、生き死にや「生む」といったことについてまで、「どうすべきか?」と思索しなければならないというのは、人間が自然から離れすぎた結果だ、ということである。本来、生物にとって「生み育てる」ということは、生きることの目的であって、まるでサッカーや音楽をするように、「したい」とか「したくない」とか考え、選択をするような問題ではない。

つまり、人間は、様々な技術によって自然を改造し、自然から離れて生きるようになった結果として、生き物としての自然を失い、自分の命を全て自分一人で消費してはばからなくなった、ということなのだ。

私が困ったことだと思うのは、「少子化」そのものではなく、その原因となっている人間の変質の方だ。そして、子供が身近におらず、子育てをしない結果として、か弱いものへのいたわりや慈しみ、思いやりを持てなくなっていることこそ、社会をとげとげしいものにするという意味で困ったことだと思う。近年あちらこちらで話題になる、「子どもの声がうるさい」という苦情などは、そのひとつの表れであるだろう。あるいは、これこそが子育てがしにくい要因であり、それをお金で解決させようとするところに、経済的負担という話が出てくるのかも知れない。

「少子化」が、過剰な豊かさによって引き起こされたものであり、過剰な豊かさが石油を燃やすことでもたらされているとするなら、石油が高騰するか、思い通りの経済成長が実現せず、１０００兆円（その時には一千何百兆円、かな？）の借金を返済することが出来なくなり、日本の経済が破綻するかして、人々が貧しい＝自然に近づく生活を余儀なくされた時に、解決を目指して何かをしなくても、自ずから解決するのだと思う。

こういう私は、生徒に向かって一体何を発信したらよいのだろうか？

夫婦同姓考（２０２１年6月21日）

夫婦別姓を認めないことが憲法に違反するのではないか？　という問題について、最高裁判所の判決があった。様々なマスメディアで非常に大きく取り上げられているとおり、判決は「合憲」であった。

大法廷判決なので、どの新聞にも、15人の判事がどのような判断をしたかについての記述があった。それによれば、合憲：違憲は11：４だったらしい。前回、２０１５年に同じく大法廷でこの問題についての判断が下された時から、最高裁の判事は12人が替わった。それでも判決の内容は基本的に変わっていない。

私は、裁判所が「合憲」の判断を下したことに賛成はしないけれども、絶対におかしい、とまで言う気はない。現在、夫婦の96%が男性の姓に合わせて、女性が姓を変更するのだそうだ。しかし、民法に「夫の姓に合わせる」と書いてあるなら間違いなく違憲だろうが、「どちらでもいいからどちらかに合わせる」というなら、法の上での「男女平等」(憲法第14条)は実現されている。「個人の尊重」(第13条)に反するようにも見えるが、「男女平等」は「個人の尊重」の具体化と考えられている。したがって、「基本的人権に反する」とまでは言えず、違憲判決を出すのは難しい。最高裁判決の「夫婦同姓の強制は現行の規定とは齟齬が無い、これで文句があるなら国会(=「裁判所で判断する基準=法」を作る場所)が何とかしろ」というのはあまり間違っていない。裁判所が考えるべきことは、世の中をどうするか、何が正しいかと言うよりは、現行の法令に反しないかどうかなのである。判決は自ずから保守的となる。

今回の判決に批判的な立場の人で「時代遅れだ」と言う人は多いように見えた。今、たまたま私の目の前にある毎日新聞の社説も、「時代に背を向けた最高裁」と見出しを付けている。学校の会議でも、時代論は多い。「今どきそんな理屈は通用しないでしょ」「ご時世ですから」の類いだ。

私はそのような意見に対して常々極めて批判的である。時代がどのように動いていようとも、そもそも何が一体正しいのか?「今」の傾向が本当に正しいのか?とこそ考える必要がある。大切なのは「多数」かどうかではなく、「正しい」かどうかだ。

私は積極的ではない、消極的な夫婦別姓容認派である。別姓でもいい、と言うよりは、同姓でなければならない根拠がない、と考える。少なくとも、同姓にすることによって実際に不利益を被っている人がいる以上、その人たちに我慢をさせてまで同姓を維持する理由は見付けられない。

夫婦は同姓でなければならないと考える人たちは、同姓であることが日本の伝統であり、同姓であってこそ家族の結びつきが強くなると考えているようだ。しかし、実際に、日本以外のほぼ全ての国が夫婦別姓を容認している、もしくは元々別姓であるわけで、それらの国が日本と比べて特別「家族」というものの維持に問題を抱えている、ということはないと思う。人間関係というのは人格的結びつきであるべきで、形を合わせることで結びつきを維持しようというのは不健全である。同姓でなければ家族の紐帯が維持できないとすれば、それは日本的な「個の未熟」なのではないか。

もしも今回の判決に文句があるなら、選択的夫婦別姓に反対する国会議員を次の選挙で選ばないか、別姓を認めそうにない最高裁判事に、国民審査で×を付けるしかないのだな。

同性婚を認めよ（２０１９年5月18日）

台湾で同性婚を認める法律が成立したという。

私は、同性婚容認派である。そもそも、結婚というのは社会の最小単位である家族を作るということであるが、家族の目的は子どもを生み育てる、ということだけではないはずだ。財産・遺産の管理（保証人的な機能）、あるいは必ずしも法とは無関係な協力関係、精神的なメリットなど、出産・育児以外の夫婦の機能は、相手が同性であっても果たし得るものだ。最近は（以前から？）、子どもを作る気はない、という夫婦が少なくない。そのような夫婦と同性のカップルに差を設けるのは不合理だ。同性婚を認めるべきでないという人たちは、感情的な違和感のみに基づいて考えているのではないか、と思う。私自身、同性と結婚したいと思ったことはないので、同性との結婚を望む人の感覚というのはまったく理解できない。心理的な拒否感がないかと言えば、ないとは言えない。だが、その感覚は、人種が違い、宗教が違い、文化的価値観が違う人たちに対する違和感と、おそらく根を同じにする。自分と違うから拒否する、少数＝異常だと考えるのは危険である。同性婚に反対する人たちというのは、人種や宗教の対立についても不寛容である場合が多いのではあるまいか？

同性愛というのは、人間が意図して作り出した文化ではなく、自然現象の一種であるだろう。だとすれば、同性婚を法律で認めたからといって、同性愛者がどんどん増え、それによって社会の構造そのものが変わってしまうというようなことにはならないはずだ。

家族を作ることで心豊かに生活できれば、その人たちが社会に対して貢献する度合いも高まる。彼らの存在が、社会の寛容性を担保することにもなる。従って、同性婚は認めてよく、日本でも台湾と同様の法律を早期に作るべきだ。

男女の違い雑感（２０２２年12月９日）

サッカー男子Ｗ杯、ドイツ・コスタリカ戦で、Ｗ杯史上初めて、女性が主審を務めたことが話題になっていた。W杯には、日本からも初めて女性審判が参加している。

日本では、国会議員や地方自治体の長、会社役員などで女性が極端に少ないことがたびたび話題になる。確かに、海外を見れば、ニュージーランドやフィンランドの首相、EUの内閣とも言うべき欧州委員会の委員長など、高い地位に就いている女性を見ることは珍しくない。しかし、アメリカでは女性が大統領になることについて「ガラスの天井がある」と言われるし、今回のサッカー主審だって、W杯史上初ということは、今まではいなかったということだから、欧米だからといって必ずしも男女が完全に同等というわけではない。

最近、日本では、例えば東京工大が2024年春の入試から女子枠を作って、女子学生比率の引上げを行うとか、東大で2027年度までに300人の女性を教授・准教授として採用することを発表する、などの動きがあった。先日、大学院に在籍している某卒業生が訪ねてきた。某大学の助教のポストに応募していることを明かした上で、「採用は難しいだろう」と妙に悲観的なことを言うから、その理由を尋ねてみれば、募集要項に「同等の業績がある場合は女性優先」と書かれているのだそうだ。

私は、男女は平等であるべきだと思う。だが、数だけを合わせて平等が実現したと考えるのは変だ、と思う。学校の先生にしても、スポーツの審判にしても、政治家にしても、官僚や重役にしても、性別に関係なく適材適所であって欲しい。サッカーW杯の審判の場合、VAR担当なら問題ないだろうが、W杯自体が男女別に分かれているとおり、男女間の運動能力の違いは明らかだから、実際にピッチを走り回るのは、ずいぶん無理のあるパフォーマンスだ。

そもそも、男女はいろいろな点で違う。体の構造がまったく違うのだからどうしようもない。体の構造は外見にはっきり表れているし、筋力のように客観的に測定可能なものなら比較的分かりやすいが、感性や思考といった抽象的な要素においても相当に異なる。

先日、将棋の世界で、里見香奈女流5冠が棋士への編入試験を受けて3連敗し、棋士になれなかった、という出来事があった。将棋の思考力に男女差があるとはまったく思えない。しかし、今までのところ、女性は誰も棋士にはなれていない。

編入試験が実施されたということは、日本将棋連盟が女性に門戸を閉ざしているわけではないということだし、棋士になるための一般的なルートである奨励会にも女性は入れる。実際、里見もかつては奨励会員だった。しかし、棋士になれる一歩手前、3段のまま年齢制限を迎えてしまった。男でも、そのような人はたくさんいる。成長過程で、「女のくせに」といって、将棋を学ぶことを邪魔されてきたということもないようだ。だとすれば、少なくとも将棋の思考力においては、理屈ではなく、事実として男女差があるように見える。どうしてこんなことに？　と私も驚く。一方、囲碁の世界では、男女差がさほど大きくないらしい。男女の違いは本当に分かりにくい。

学ぶためのチャンスは完全に平等であるべきだ。その上で、差が付くことがあるとすれば、それが性差なのだから、認めるしかないと思う。男女の間に、得意不得意の違いがあることは、むしろ世界を豊かにするような気がする。それぞれがそれぞれの得意分野で能力を発揮すればよいのであり、すべての場面で外見的に比率を合わせることがどんなメリットをもたらすのか……私には分からない。

男女の比率が近い方がいいのかな、と思うほとんど唯一の職業は政治家だ。男女どちらにとっても住みよい世の中を作るためには、それぞれの視点が必要だからだ。だが、政治家は選挙で選ばれる。有権者数は、平均寿命の長い女性の方が常に多い。にもかかわらず、女性政治家が少ないとすれば、人々が男性の方がいいと思って、もしくは性別を気にせずに投票し、結果として男性候補者が支持を集めたか、立候補の時点で女性が少ないかだ。だが、後者とて、女性であることによる何かしらの制約で立候補できないのか、そもそも、女性が政治家になりたがらないという心性を持っているものなのか、その見極めは難しい。

出産・子育てという事情を問題にすると、男の協力が足りないから女性にしわ寄せが行っている、と指摘されることが多い。だが、少なくとも、私の経験上、男の側（＝私）がどんなに努力をしても、幼い子供は女性（母親だけでなく、時には初対面の女性！）になつくものだし、実際に出産、授乳できるのが女性に限られている以上、出産、子育てのプロセス全てを平等に負担するというのは不可能だ。女性の社会活動が男性に比べて制限されることは、ある程度までは仕方がない。そしてそれは「制約」であるとも、「特権」であるとも言える。石油を燃やすことによって社会が豊かになり、人々の生活に余裕が生じた結果として、生きることの本質に関わらない部分が肥大したため、子育てを「制約」と感じる人が増えたというだけなのではないか？　と私は思っている。

数年前、水産高校で就職を担当していた時の実感からすると、漁船などごく一部を例外として、世の中の会社が女子を避けて男子を取りたがるということはなかった。むしろ、「女の方が根性がある」と言って女子を欲しがる会社も少なくなかった。土木や流通など、一昔前なら「男の仕事」とされていた分野でも、である。

高校という場所で生徒を見ていて思うのは、男子の覇気のなさと、女子の元気さだ。もちろん、個人差は常にあって、全員がそうだというわけではないのだが、見ているだけでこちらの気力が萎えてくるようなだらっとした生徒は、女子には少ない。その上、女子の方が、何をやっても丁寧で正確だ。ははぁ、これで更に精神的にも強いとなると、会社も女子を欲しがるわけだ……と納得する。

思うに、約50年前、私が少年時代には「男の子なんだからしっかりしなさい」とか「男のくせにピーピー言うな」と、性差を利用して男をけしかける言葉があった。一方で、「女の子らしくしなさい」という言葉は、元気な女の子にブレーキをかけるために使われる言葉だった。

だが、最近よく感じるように、元々女はタフでしっかりしている一方、男は容易に軟弱化する素質を持っているとしたら、それらのような言葉は、男女の力を拮抗させるためにうまく機能していたのではないか？　男女平等、ジェンダーフリーが絶対の価値観となって、性差を意識させることが悪として避けられるようになれば、女は強くなり、男は弱くなるのが自然の摂理なのではないか？

出産・子育てにおいてより大きな制約が女性にあったとしても、そして、数あわせのために女性枠を設けるという積極的格差是正措置（アファーマティブ・アクション）を発動しなくても、やがて女性はより大きな役割を果たすようになるのではないか？　育て方の変化は、10年か20年以上経ってから社会的な現象として表れる。「違い」をしっかりと見極めつつ、あせって無理なことをしない方がいいと思う。

「賃上げ」の怪（2023年2月21日）

もはや1ヶ月半も前の話になるが、様々な団体による年始行事を見ていると、誰も彼もが「賃上げ」を連呼していて不思議な気分になった。安倍首相の時からそうだったが、労組の委員長も首相も同じようなことを言っているというのには違和感を覚える。

そもそも、労働組合がなぜ存在するかと言えば、ややもすると労働者の人権を蔑ろにし、搾取しようと手ぐすねを引いている資本家に対し、弱い立場の労働者は団結して立ち向かう必要があったからだ。労働組合の存在感が薄れ、組織率が低下したのは、資本家（会社経営者）による切り崩しが功を奏したと言うよりは、労働者が団結して頑張らなくても、資本家の側が労働者の人権に配慮し、搾取をしなくなったからであろう。人間が進化、もしくは社会が成熟した、とは必ずしも思わない。会社の共有化や社会の複雑化によって、構造的に搾取がしにくくなったということに加え、資本家が労働者から搾り取るよりも、労働者に収益を分配し、消費活動に活発に参加させた方が、結果として資本家にとってもメリットになる、ということが分かっただけのような気がする。その行き着いた先が、首相の労組委員長化である。

今年の正月、今まで以上に「賃上げ」が連呼されたのは、言うまでもなく、物価が上昇しているからである。首相をはじめとする多くの人々の声に押されて、最近、続々と賃上げの声が聞こえるようになってきた。これまた、なんだか変だ。

なぜなら、物価高とは言っても、企業が収入を増やすために価格を引き上げたのではないからだ。むしろ、客離れを心配して、コストの上昇を価格に転嫁し切れていないというのが実情であろう。物価上昇の原因は、戦争によって物流に支障が生じた上、円安になっていることである。特に、ほとんど全てを輸入に頼り、あらゆる活動のベースになっている石油や天然ガスの価格上昇は影響が大きい。しかも、円安は、生産力の低下に加え、不景気のため金利を低く抑えざるをえないという構造的な問題によるのであり、今後も状況を変化させることは難しい。

だとすれば、物価が上がったからといって、易々と賃上げに応じられるわけがないではないか。物価上昇の背景（理由）分析や、それを踏まえた対策を考えるのではなく、闇雲に「賃上げ」で対処しようというのは短絡的だ。もしもそれができるとしたら、それまで、企業はどれほどがめつく富を蓄え込んでいたのだ？　ということになる。確かに、悪名高き（？）「内部留保」はあるかもしれないが、仮に賃上げ、特にベースアップになど応じた日には、ひたすらため込んだ富を減らし、状況がよほど劇的に変化しない限りは、やがて枯渇して終了、ということになってしまう。

しかも、大企業が賃上げをすれば、人材の確保＝会社を守るために、中小企業は同調せざるを得ないだろうが、それには大企業以上の無理が必要になる。大企業が首相の顔色を窺いながら賃上げするだけでなく、下請け中小企業からの「買いたたき」を止めなければ、ゆがみは更に大きくなる。なにしろ、日本の労働者の7割が中小企業で働いているのである。

国際情勢の不安定のみならず、人口爆発や資源の減少、自然環境の悪化（主に温暖化）もあって、食糧も鉱物もエネルギー資源も、際限なく値上がりしていくのは必定。対応できるうちは対応するのもいいけれど、必ず、しかもそう遠くない将来に限界が来ることは常に覚悟している必要がある。無理をすればするほど、その限界に達した時のダメージも大きくなる。

やっぱり、根本的な解決は、貧しくても自立した（＝輸出入の少ない）社会を実現させることしかないのだな。

赤字鉄道問題、またはバクチ国家を目指す日本（2022年6月3日）

4月11日にJR西日本が単独での維持は困難だとする赤字線区の収支を発表したのに続き、鉄道各社が次々と運賃値上げの方針を打ち出している。更に、国土交通省は、今日の有識者会議に、鉄道運賃の値上げに関してハードルを下げる方向の改革案を示したらしい。もう少し具体的に言えば、鉄道会社と沿線自治体の合意があれば、国の認可を不要とする、ということである。

本当に困った話だ。鉄道は「公共」交通である。単に赤字か黒字か、もうかるかどうかではなく、人の移動のための手段を将来へ向けてどう整備していくのか、車、バス、鉄道、飛行機、船はそれぞれどのような移動に向いており、国土の特性や環境負荷との関係で、それらの比率をどうしていくのか、というような社会設計に基づいて政策が作られるべきである。ＪＲ西日本の収支発表は、そのきっかけでこそあるべきだった。そんな議論が全然聞こえて来ない中で、後から後から道路を立派にし、多少価格が上昇しつつあったガソリンには補助金を出すという形で、今以上の車中心社会を目指した既成事実が積み重ねられてゆく。鉄道事業が成り立つわけがないではないか。根っこにあるのは「目先の利益」「欲望への迎合」だ。貧しい政治である。

最近、私が更に眉間にしわを寄せているのは、政府の「資産所得倍増」計画なるものだ。例えば、今手元にある毎日新聞では、「国民が持つ金融資産を株などの投資に振り向け、それから得られる利益を増やす政策」であると解説されている。簡単に言えば、国がバクチを奨励しているのである。これがまともな政治家の考えることであろうか？　結局、ＩＲ（カジノ法）問題と根底にあるものが同じなのだ。

国民が安易な不労所得追求に走るのをたしなめ、額に汗して労働報酬を得るように促すことが、高い見識を持つ人間のすべきことである。資産など倍増させる必要はない。地に足の付いた、地道で堅実な生活をこそ実現させるべきなのだ。

一事は万事。何もかもがおかしい。首相が代わっても、基本は何も変わらない。そのことが、今回の「新しい資本主義」計画案で、見事なまでに明らかになった、ということである。

変質する「駅」（2022年1月13日）

年末、和歌山に行った時、新宮駅で仙台までの自由席特急券を買おうと思ったら、「窓口業務はやっていないので、自動券売機で買って下さい」と言われた。名古屋までの1枚の特急券ならいいが、3列車乗り継ぎの特急券を券売機で買うのは面倒だ、そもそもできない可能性もある、と思って尋ねた時の返事だ。

白浜ほどの乗降客はいないものの、紀勢本線内での重要度で言えば№1と思われる南紀の中心・新宮駅で、窓口業務を廃止したというのはショックだった。駅員さんは親切にも、券売機での購入に立ち会ってくれたし、券売機には通信機能がついていて、結局、その機能を使って窓口と同じように、オペレーターとやり取りをしながら切符を買ったのだが、オペレーターにつながるまでにも時間がかかったし、通信機能付きの券売機は1台しかないし、どうしても不便である。私の後ろに並んでいた人は、やはり同様にオペレーターと通信し、学割切符を買うのに苦労していた。

そういえば、私が毎日利用する東北本線・塩釜駅でも、昨年の夏頃から窓口の開いている時間が短くなった。昔は、始発から終電まで駅員がいたと思うが、今は7：30～16：30で、途中に1時間半くらいの窓口閉鎖時間が2回入る。駅員は他の駅と掛け持ちで、常駐者はいなくなったようだ。

新宮や塩釜のような、「みどりの窓口」がある駅でさえこうなのだ。思えば、最近は駅の窓口が少なく、長い行列が出来ているのをよく見る。時間がかかって不便だと感じるなら、スマホを使ってチケットレスにしなさいよ、ということなのだろう。だから、大きな駅では窓口を残しつつも、あえてスムーズには切符を買えないようにしているに違いない。

「乗り鉄」もどきである私などは、単純な片道や往復ではない、経路が複雑な切符を買うことが多い。窓口なら、経路を書いた紙を渡せば済むが、いくら通信機能が付いていても、自動券売機ではそうはいかない（?）。しかも、JR職員の技能やシステムの問題もあって、発券にむやみに時間がかかる。後ろに行列が出来たら、いらだちが伝わってきて嫌だ。乗車の10分前、いや30分前でも、窓口で切符を買うつもりで駅に行くのはとても危険だ。単純に東京を往復するというような人にはよいが、そうでない人にとって駅はどんどん不便になっている。

切符の購入だけではない。もう10年か20年も前から、駅の電話番号を知ることは極めて困難だ。一般人には不可能だと言っていいだろう。電話番号を公にすることで、運行情報等で問い合わせが来ることを避けていることは容易に想像がつく。情報はネットで、ということだ。しかし、ネット情報は更新までにかなりの時差があるし、こちらが知りたいことが書いてあるとは限らない。私のようにスマホ（端末）を持たない人間は、ネットだって見られる場所が限られる。

塩釜駅では、窓口の開いている時間が短くなったのと相前後して、ゴミ箱が使えなくなった。なぜかいまだにゴミ箱は存在するのだが、厳重に封鎖されている。私にも多少の公共心というものがあって、街を歩いている時に目立つゴミが落ちていたら拾うようにしていたのだが、駅のゴミ箱が封鎖されてから止めた。ゴミを拾っても駅で捨てられると思うから拾うのであって、家まで持ち帰るのはさすがに気が重い。トイレが使用禁止になり、自治体が駅の隣に公衆トイレを作った駅もある。

今から35年前、１９８７年に日本国有鉄道が民営化されてＪＲになった。民間企業になったわけだから、利潤を最大にするために、様々な工夫をするのは当然だ。そんな中で、駅舎を大規模商業ビルへと転換し、地の利を生かして一人勝ちを収める駅がある一方、乗降客の少ない駅では、「余計なもの」が切り捨てられていく。

資本主義の論理に従ってことが動く場合、変化のしわ寄せは必ず弱い者へ、弱い者へと集中していく。思えば昔、駅はセフティネットとしての役割も担っていた。小さな駅にも駅員さんがいて、利用者を自然に見守っていた。学校帰りの小学生が立ち寄って遊んでいるなどという光景も見られた。交番は敷居が高いから、何かの時には駅で聞いてみる、ということもあった。

駅がセフティネットとしての機能を失えば、それに代わるものを自治体で用意するか、自己責任だと言って突き放すしかない。それらによって生じるコスト（間接的なものも含む）を考えると、社会全体で見た場合、果たして赤字国鉄の民営化は、社会の負担を軽くしたことになっているのだろうか？

変わりゆく駅を見ながら、そんなことを考える。

本をどこで買うか？（２０１０年11月24日）

さもない文庫本を2冊、地元の書店に注文して取り寄せた。こういうことをしたのは久しぶりである。新しい本を買う時には、仙台の大規模書店に行くかネット書店で取り寄せることが多かった。ところが、最近ふと考えたのである。確かに、購入対象が具体的に決まっている場合、ネット書店は非常に便利だ。しかし、各個人がごく少数のネット書店と直接結び付いてしまえば、世の中の書店というのは、立ち読みのために必要なだけになってしまう。当然、立ち読みの場などいくら提供してももうけにはならないから、書店は倒産するしかないであろう。もっとも、本には定価があり、値引き販売が禁止されているので、ごく僅かなネット書店だけが生き残ったとしても、消費者の足もとを見る形で本の値段が上昇したりはしない。だとすれば、それでもマイナスはないだろう。

いやいや、三つの問題がある。一つは、包装が過剰な上に、配送のために走り回るトラックが増えるという環境上の問題である。もう一つは、おそらくは大半が自動化されたネット書店の発送システムの中で雇用が守られない、もしくは特定の地域に集中するという問題である。これは富の集中をも意味する。そして最も重要なのは、町の書店が無くなれば、必ずしも自分が必要としていない多くの本を目の当たりにすることで、知的世界を拡張していく場を失うことになるということである。

「便利」は素晴らしい。しかし、世の中の様々な行為においては、「小さな利益が目前に、大きな不利益が将来に」という恐るべき法則が存在することを常に肝に銘じていなければならない。ネット書店あるいは通信販売に頼ることのデメリットは、時間が経ってから現れ、気付いた時には後戻りが難しい。

町の本屋さんを守るのは政治家ではない。私たち利用者だ。私は、少なくとも急を要さない新本の購入については、ネット書店から足を洗うことに決めたのである。

防潮堤が守るもの（２０１６年2月3日）

日曜日と月曜日、朝日新聞と毎日新聞に論調のよく似た大きな記事が載った。朝日の見出しは「巨大防潮堤何守る　高台移転住民戻らず」、毎日は「高台に限界集落　中核事業の現実」というものだ。容易に想像できるだろう。私が前々から問題にしている、被災地域での巨大土木工事に疑問を投げ掛けたものだ。マスコミ、遅すぎるよ。

ともかく、もう少し詳しく触れると、朝日は、石巻市雄勝《おがつ》で進められようとしている高さ９・７ｍ、延長３・５㎞、総事業費１３０億円の防潮堤を問題にしている。毎日は、石巻市桃浦《もものうら》で、標高40ｍの高台に、１戸あたり1億2千万円をかけて5戸分の宅地が造成されたが、そこに住むのは６人、うち5人が65歳以上であると伝える。これら、最初から限界集落としてスタートした小さな集落が今後どうなるのか、どうしていくべきなのか、このやり方がよかったのか、そんな問いを突き付けている。

「巨大防潮堤何守る」とは、ずいぶんとぼけた見出しだ。「守る」対象は、土建業者と経済に決まっている。最初からそんなことは明白ではないか。朝日は「海と陸が切り離された雄勝では、観光客も呼べない。10年以内に町は衰退する」という住民の言葉を引く。そういった景観や文化の問題だけではない。一昨年の6月には、中央大学の谷下雅義教授によって、海が見える地区ほど、津波による犠牲者が少なかったという調査結果が発表された。

しかし、大義名分が立てられると見るや、土木工事を行う。これが最も手っ取り早くお金を使う手段だ。お金を使うというのは、経済を活性化させるということであり、利権を握る人の立場をより強めるということである。東日本大震災の被災地は格好のフィールドだ。我が家の下、石巻市南浜地区では、40ヘクタール近い公園の整備、7・2mの防潮堤、道路の高盛り化、新しい橋の建設、更には、道路の付け替えといった作業が、いつ果てるともなく続けられている。もちろん、公園も防潮堤も高盛り道路も私には理解不能なのだが、道路の付け替え（今の場所から変える）は究極の理解不能だ。どこからどう見ても、震災を口実に何とかして工事を増やしたいだけであり、それらは全て経済政策（予算獲得合戦＝役所内部での権力闘争を含む）でしかないのである。

今年の仕事始め、宮城県知事は年頭の定例記者会見で、今年の抱負を示す漢字を「金」と発表した。その心は、「年末に県民の皆さんから『県に金メダルを与える』と言ってもらえる年にする」とのことだが、「はは〜、やっぱり何が何でも金（カネ）だな」と思った人は、決して私だけではないだろう。

私には、温暖化の問題を始めとして、経済政策についても、資源や食糧管理についても、デジタルに代表される文明についても、非常に暗く悲観的な発言が多い。何かにつけて消極的であり、抑制的だ。だが、よく考えてみると、世間では「また10ｍの津波が来たらどうする？」といったようなことが頻繁に語られる。逆に私は、そんな心配はしていない。極めて単純な自然災害である。地震や津波について多少の知識を持ち、身を守る意識さえあれば、深刻な被害は回避できる。過去50年間の交通事故と津波の死者数を比べてみれば、津波の心配がいかにバカげているかなんて明らかだ。戦争については言うまでもない。一方、世間の人々は、１００年もしくは数百年に一度来るか来ないかという規模の津波の心配をして、狂ったように巨大な防潮堤は作るのに、20～30年のうちに間違いなくやって来る石油の減少（＝急騰）や、温暖化の危機についての心配はまったくしていないようだ。

今の社会構造において、石油の枯渇（減少）という「文明の崖」に直面すれば、食糧確保を筆頭に、とてつもない難問題が数限りもなく起こる。まさに危機的・致命的問題だ。一方、石油が無限にあったとしても、それを今の勢いで使い続けると、人類が生存できないほど地球が汚染される。そんな問題よりも、どうして津波の方が大切な問題なのか？　私にはそのような時間的スケール、事の軽重、物事の優先順位というのが理解できないのである。

つまり、私が深刻・重大と感じることと、世の中がそう感じることとは完全にすれ違っていて、世間を基準に私を見た場合、温暖化と関係しない自然災害との関係ではひどく暢気で楽天的、能天気、政治権力や資源・環境との関係では、救いようもなく悲観的、消極的、臆病な人間、トータルに考えて「ただの阿呆」に見えるということなのである。

被災地内各所に作られた小規模な移転集落は、多くが限界集落かそれに近いもので、10～20年くらいで廃墟になると予想されている。では、それらの地域が無人になるかというと……一時的には確かにその通りかも知れないが、大丈夫。石油さえ不足し始めれば、政策的に誘導しなくても、自ずから人口は地方に分散する。この点についても、私は甚だ楽観的だ。ただし、海から離れた高台集落は、その時にも歓迎されない場所になるだろう。石油が無くなれば、人間は自然に近づいていくしかないからである。

ともかく、今からでも止められる工事は止めなければ……。遅すぎるけど、マスコミ頼むよ。

当たり前の負担……愚かなる震災遺構（2023年3月10日）

明日で東日本大震災から12年。土曜日でもあることだし、我が家の周りはさぞかし騒々しくなることだろうと気が重い。

そんな今日、朝日新聞に「震災遺構　維持費に苦慮」という記事が出た。震災遺構として残された施設の傷みが激しく、維持管理にお金がかかる、自治体にとってそれが重荷だ、という記事である。それによれば、例えば我が石巻市の場合、大川小学校と門脇《かどのわき》小学校を震災遺構として整備するためにかかった整備費が18億6千万円、年間の収入見込みは3500万円で、支出は7000万円。整備費用は国が負担したが、その後の維持管理は自治体だ。石巻市は年に3500万円ずつ赤字を補填し続けなければならない。しかし、私は３５００万円で済むとは思っていない。時間の経過と共に劣化が進んで維持費は増え、客は減少すると思われるからである。

門脇小学校の目の前には38ヘクタールの大公園、石巻南浜津波復興祈念公園が広がる。これは「遺構」ではないため、今回の記事では問題となっていない。だが、この公園の維持管理もたいへんな負担のはずだ。

更に、ゆとりあるきれいな町並みを目指したか、土地が売れそうにないから作ったと思しき路側の植え込みや多くの公園も負担になっているようだ。実際、路側の植え込みには常にぼうぼうと雑草が茂り、刈り払いが行われるのは年に2~3度だけだ。何もかも、作った時から分かりきっていたことである。それでも、被災者への感傷的な同情と、土建業者や政治家の利益のために全ては行われた。

「ふん、遺構の維持管理が負担になるのなんて当たり前だろ。今になって初めて気付いたような言い方をするのがおかしい」と、私は鼻で笑う。あまりにも簡単に予測できる、当たり前のことではないか。例えば私は、２０１６年、門脇小学校を遺構として残すかどうかについての公聴会でそのことをはっきり言っているし、２０１５~6年の、南浜復興祈念公園整備の時には、わざわざ計画検討協議会の構成員に名乗りを上げ、関係する会議で繰り返し繰り返し指摘して計画の見直しを訴えたが、嫌な顔をされるだけで、まったく耳を傾けてはもらえなかった。

記事には、震災遺構を検討する有識者会議の重鎮の言葉が引用されている。「当時はどうやったら残せるかが重要で、将来いつまで保存する、といった議論は欠けていた。自治体の負担が重くなることも懸念されていた」というものだ。これもびっくり仰天だ。「いつまで」って、遺構は永久保存が原則だろう。負担が懸念されていながら、なぜそのまま作業を進めてしまったのか？　あまりにも無責任だ。

記事では、原爆ドームが国の史跡に指定されていて、国が維持管理をしていることに触れ、震災遺構も同様の扱いをするのが本当はいい、というような書き方をしている。これもまた不思議な議論だ。人間の愚かさを象徴する「現代の十字架」と言うべき「原爆ドーム」と、津波という単純極まりない自然災害によって作られた震災遺構は、廃墟であることだけが共通していて、意味としてはまったく違うものである。また、管理の主体を自治体から国に移しても、公金が投ぜられることに違いはない。しかも、財政の不健全度は国の方が大きい。

今後、震災関連施設はますます重荷になってくる。東日本大震災の本当の教訓は、津波の危険性ではなく、震災後の人間の対応についてなのである。

第4章　メディアと文化をめぐって

剣岳・点の記（2009年11月9日）

7月に、久しぶりに映画館で映画を見た。『剣岳　点の記』という作品である（原作は新田次郎の同名の小説。私は大昔に読んだことがあったが、少なくとも細部はほとんど忘れていた）。ずいぶん評判になった映画であるが、それは昨今の中高年の登山ブームの恩恵を被ったというだけのことで、あまり優れた作品には思われなかった。

この映画の内容は、今日の話に必要な点だけごく簡単に書くなら、明治時代、陸軍陸地測量部（現・国土地理院）の技官・柴崎芳太郎率いる測量隊と、小島烏水《うすい》率いる日本山岳会が、北アルプス剣岳の初登頂を目指して争い、前者が勝った、というものである。ふ〜ん、こういう歴史があったのかぁ、軍の威信を背負うとなると地図作りも大変だなぁ、などと思いながら映画館を出たのであるが、帰る道すがら、あの話は本当にあったことなのかな？　という疑念がふと生じ、9月の半ばくらいから、身の回りにあった北アルプスや日本の登山史に関する本を少しずつ読んでいたところ、それは全く根も葉もないデタラメ＝作り話であることが分かった。そんな初登頂競争は存在しないどころか、測量隊が最初に剣岳の頂上に立った時、柴崎技官は同行しておらず、小島烏水に至っては、生涯剣岳に登っていない。実在した人名、団体名、地名ばかりが出てくるため、すっかり騙されてしまった訳だ。

私の周りでこの映画を見た人は多いので、面白半分で探りを入れてみた。「あの話本当だったと思う？」などと尋ねるとこちらの意図がばれるので、「陸地測量部も山岳会と競争までしなくてはならないとなると大変だねぇ」などと鎌を掛けるのである。答えは予想通り、10人中10人が「本当だねぇ」みたいなことを言い、映画の内容を全く疑っていない。こうして「剣岳初登頂競争」は、あたかも史実のような地位を獲得してしまうのであろう。映画、小説とは罪作りなものである。

しかし、これは本当に罪作りなことなのだろうか？　それを鵜呑みにしてしまう我々の側に非はないのだろうか？　私は鵜呑みにする側の責任こそ真面目に考えた方がいいような気がする。なにしろ「小説」がフィクションであることは常識であり、実在の人物や団体が登場するくらいで本当だと信じてしまうのは非常に危険で、マインドコントロールのいい餌食になってしまいそうな心性だからだ。

「推定無罪」の原則はどこへ？（2013年10月1日）

昨日の新聞に、仙台市内の某公立中学校長（58歳）が女性の下半身を触って逮捕された、という記事が結構大きく載った。本人は容疑を否認している、という。続いて今日は、仙台地方検察庁が、理由を明らかにしないまま、その校長を釈放したという記事が出た。同時に、仙台市教育委員会が臨時の校長会を開き、綱紀の粛正を指示したとの記事も付け足されている。

どの記事でも、逮捕された校長は実名が明らかにされている。だが、本人が否定しているところで、早々に実名公表を含めて、いかにも犯罪者であるとの扱いをするのは乱暴だ。本当に某校長が犯人なのかは丁寧に検証される必要があるし、その過程において、容疑者の人権に対する配慮は最大限為されるべきだ。

本当は今更言うまでもないのだが、世の中には「推定無罪の原則」というものがある（あったはずだ）。裁判で有罪が確定するまでは、誰でも「無罪」であるとの推定が働く、というルールだ。冤罪を避け、不当な人権侵害を犯さないためには大切なルールである。このルールがなければ、事実無根であったとしても、何かしらの事情で検察が「あいつが悪い！」と言い出した場合、あっという間に犯人に仕立て上げられ、世間がそのような目で見始め、大きな社会的ダメージを被ることになる。「火のないところに煙は立たない」などと暢気なことを言ってはいけない。「何かしらの事情」とは、検察官と恋敵であったとか、何となく虫が好かない、といったことも含み得るのである。

実名を公表したのは警察だろうが、それを記事にして載せた新聞社の側にも大きな非がある。マスコミは、警察が実名を公表したことを批判する立場に立たなければならない。私は今更ながらに、日本の人権感覚の希薄さに驚き、我が身にもいつ何時何が起こるか分からないと、背筋に寒気が走ったのだった。

事件の詳細が分からないので何とも言えないが、仮に二人しかいなかった場所で行為が行われた場合、触られたと主張する女性と、触っていないと主張する某校長の水掛け論になってしまい、事実を立証できなくなる可能性が高い。この場合はどうすべきだろうか。それは当然のこと、「疑わしきは被告人の利益に」という原則を適用しなければならない。すると、某校長は無罪となる。女性にしてみれば、触られたことは不愉快だし、もしかすると精神的に傷ついたかも知れない。だが、その女性に我慢をしてもらって原則を貫かなければ、人権は守られない。某校長一人の人権ではない。原則を守らないことによって起こってくるのは権力の濫用であって、それは多くの人々の人権を侵害することになっていくのだ。

日本のような村社会において、警察によって犯人扱いされたという実績は、ただそれだけで計り知れないほどのダメージをもたらす。某校長だって、仮に不起訴となったとしても、職場復帰できるかどうか怪しいところだ。もしかしたら自分もそのような立場に立たされるかも知れない、という心配は、誰もしていないに違いない。だからこそ、今回の報道に無関心。「やっぱり今の教育現場は腐っている。教育委員会にもっとしっかり監督してもらわなければ」などという声さえ出かねない。

だが、個人による痴漢よりも、権力の濫用や、それに手を貸すかのようなマスコミの方がはるかに危険なのである。

志布志事件の恐怖（2015年5月16日）

2003年に鹿児島県の県議選で公職選挙法違反に問われ、2007年に無罪が確定した志布志事件について、捜査の違法性に関して元被告が起こした、損害賠償請求の民事裁判の判決が昨日あり、元被告（今回の原告）が勝訴した。地裁判決ではあるが、約6000万円の損害賠償を認めた判決は立派である。

私はこの事件を、昨年6月7日と7月12日の朝日新聞「ザ・コラム」欄（大久保真紀編集委員執筆）で知った。恐怖と怒りとが強く湧き起こってきた。恐怖とは、無理矢理に罪をでっち上げようとする、検察もしくは公権力に対する恐怖である。怒りは、もちろん、そこから自然に生まれてくる。

当事者の一人である藤山さんに対する任意の取り調べは140時間を超え、逮捕後、身柄拘束は185日、取り調べは538時間に及んだという（7月12日記事）。

警察が『事件の構図』を描き、強引に認めさせる取り調べ手法は『たたき割り』と言われる。もし私が藤山さんと同じ立場だったら、と思うとゾッとする。連日、小さな取調室で朝から晩まで『お前がやった』『みんなが言っている』と机をたたいてガンガン責め立てられたら——。やっぱり『自白』してしまうかもしれない。

やられる方はたまったものではない。だが、これを読んでいて思うのは、やる方も大変だろう、ということだ。いろいろな人が入れ替わり立ち替わりやるにしても、よほど強いモチベーションがなければ、こんな作業には耐えられないだろう。彼らのモチベーションとは何なのか？　残念ながら、6000万円の損害賠償を認めながら、裁判はそれを解明しなかった。そこに目をつぶれば、志布志事件のような例は今後も生まれ続ける。

更に恐ろしいのは、刑事事件の判決が出る4ヶ月前、朝日が鹿児島県版で捜査の問題点を指摘する記事を7回にわたって掲載したところ、内部情報を提供してくれた捜査関係者から、「尾行がついています。微罪でも引っ張られます」という電話があったということだ（6月7日記事）。正当な方法で取材をし、疑問に思ったことを記事にしただけで尾行がつくというのは、恐ろしいことではないだろうか。

「微罪逮捕」というのは、「悪」と睨んだ人間の「悪」の核心に触れられない場合、ほとんど口実と言ってよいほどの微罪で逮捕して、その後、取り調べの中で「悪」の核心を絞り出そうとする手法らしい。どこかのビルの駐車場にいたというだけで、「建造物侵入」なる罪で逮捕されたオウム真理教関係者の件などを思い浮かべられると、イメージしやすいかと思う。志布志事件の場合は、朝日が検察のやっていることにケチを付けた、目障りで生意気だ、焼きを入れてやろうか、ということであろう。

大半の警察官、検察官は良心的で誠実であると私は信じる。しかし、権力というものを無邪気に信用してはいけないと思う。検察だって、記憶に新しいところでは、2010年に、厚生労働省のキャリア官僚であった村木厚子さんが虚偽公文書作成・行使の罪に問われた際、検事が証拠改竄をしてまで立件しようとしていた冤罪事件であったことが明らかになった事例がある。冤罪といまだに認められてはいないが、怪しいものまで含めると、相当数に上るであろう。森達也『A』（角川文庫、2002年）には、警察官が、信じられないほどデタラメな理由で、暴力的に、あるオウム真理教信者を逮捕する場面が、著者の眼前の出来事としてリアルに描かれている。

私はやはり、人間は全て基本的に利己的なのだと思う。社会正義のためではなく、自分自身の利益のために行動するというのが基本なのだろう。事件を作り上げることが、自分自身の出世栄達のために有利になる、次の異動でいい所に動ける。いや、そこまであからさまに利益に直結していなくても、事件を完成させることで、正義感に酔うことができる。上司や同僚から感心されたり褒めてもらえたりするだけでも、「自分は仕事の出来ない人間だ」などとしょぼくれているよりは余程いい。村木厚子さん事件の時、証拠改竄をした検事はエリートコースにいて、その路線を突き進むための実績を作る必要があったことが指摘されていた。警察官も検事も、平凡な人間なのだ。

だからこそ、そのような「人間」によって行使される公権力は、厳重に監視する必要があるのだ。時に、いかにも反社会的な極悪人がいて、それを警察が捕まえ、検事が訴えを起こして社会的制裁を科すことがあったとしても、それによって彼らを常に正義の味方と能天気に信じてはいけないのである。そのためにこそ、マスコミは力を発揮しなければならないのだ。志布志事件は、マスコミの真価が問われる事例であった。

事件が起こった当初、事件の内容に疑問を持ち、取材を続けたのは朝日くらいだったらしい。「一般的には捜査権力が『事実』として起訴した事件に真っ向から疑問を呈することは極めて難しい。しかも、判決前の『冤罪』報道だ。社内外から『大丈夫か』という声があがったが、私たちは突き進んだ。捜査関係者との接触は困難を極め、取材の空振りや無駄も数知れなかった。」（6月7日記事）。そんな記者にとって、昨日の判決は他人事ではない、万感胸に迫るものだったはずである。私たちは、当時鹿児島にいて、体を張って取材をしていた朝日の記者たちを、今改めて顕彰すべきである。

社会的影響力の発生（2023年6月22日）

有名スポーツ選手や芸能人の不倫というのが、よく話題になっている。有名人が不祥事を起こすと、社会的影響力とかなんとか言って、非常に厳しい社会的制裁を受けることが多い。だが、それは果たして当然のことなのだろうか？

月曜日に、NHK「映像の世紀　バタフライエフェクト」を見た。ビートルズを取り上げた2回目である。その中に、1967年6月、ビートルズのメンバーがLSD（ドラッグ）を使っていたことについて、BBCの記者がポール・マッカートニーにインタビューする場面が出てくる。さすがはポール、賢いなぁ、と思いながら見ていた。

記者「(あなたたちが)ドラッグを使ったことによって、ファンにドラッグを勧めてしまったと思いませんか?」

ポール「それ(ドラッグを勧めているの)はあなたたちだ。つまりテレビだ。僕が言いたいのは、今まさに、あなたが広めているということだ。この話はイギリス中の家庭に届く。僕はそうならない方がいいと思うけど。あなたの質問のせいでそうなっている」

ポールがLSDを使ったから社会的影響力が発生するのではなく、それをテレビが大々的に報道するから社会的影響力が生まれるのである。不倫その他、不祥事の渦中にある有名人が何を思っているか、私は知らない。もしかすると、「ああ悪いことをした」とか「見つからないように注意するんだった」とか、反省にしても後悔にしても、自分がしたことを見つめているだけかも知れない。しかし、ポールはそれを超えて、社会的影響力の本質を見抜き、はっきりと指摘していた。それは案外難しいことなのではないか? 私にはそんな気がする。

起こした不祥事の性質にもよるが、正義漢を気取って騒ぐことで、悪を拡散させると同時に、窮屈で面倒な世の中を作るのは止めてほしい。少なくとも、不倫などというのは、分かっていても見て見ぬふりをした方がいいくらい個人的な問題だ。

報道、言論の自由などというものは、政治家に対してこそ用いられるべきである。なぜなら、それらの自由は、健全なる民主主義社会を支えるためのものとして憲法で保障されているものだからである。政治家に関する報道は、全て次の選挙の時の選択材料として機能する。それに対して、スポーツ選手や芸能人に関する情報は、ただ単に下世話な好奇心を満足させるためのものでしかない場合がほとんどである。某選手、某芸能人の不倫よりも、そんなマスコミの動きの方が１００倍も悪影響は大きい。

ＧＩＧＡスクール構想に対する教員の態度（２０２２年４月２日）

今日は、仙台で教員有志による勉強会に参加していた。基調講演とも言うべきお話のタイトルは、「ＧＩＧＡスクール構想・ＩＣＴ教育を巡る情勢と教員の役割」であった。

デジタルの時代である。学校の仕事にもデジタル化の波は押し寄せ、教員が多忙だと言えば必ず、ＩＣＴの活用によって負担の軽減を、と切り返される。私には、闇雲なデジタル化こそが多忙を生み出しているように見えるのだが、お上にとっては、デジタル化を進めることが、あらゆる問題を解決させるための魔法の一手であるかのようだ。そんな中に登場してきたのが「ＧＩＧＡスクール構想」である。ＧＩＧＡとは「Global and Innovation Gateway for All」の略称で、文科省によれば、「児童生徒向けの１人１台端末と、高速大容量の通信ネットワークを一体的に整備し、多様な子どもたちを誰一人取り残すことのなく、公正に個別最適化された創造性を育む教育を、全国の学校現場で持続的に実現させる構想」らしい。

お話の後、意見交換が行われた。いろいろな人が話すのを聞きながら、ちょっとまずいぞ、と思ったのだが、何しろ私は頭が悪いので、そういう会話のペースについて行けない。どのように話そうかとあれこれと考えている間に、話題は別な事へと移っていた。ところが、それも一段落すると、最後に何か言い残しはないか？　みたいなことを司会者が言うので、私はためらいつつも手を挙げた。話したのは、以下のようなことである。

「意見を聞いていると、「デジタル化の動きは止められないから、これでやっていくしかない」というようなことを言う人が何人もいた。それはいいのだろうか？　例えば、これがデジタル化ではなく戦争だったとして、戦争へ向かって世の中が動き始めた時に、やはりその人達は同様の発言をし、戦争を推進する方向に向かって動くのだろうか？　問題は同じである。教員が、デジタル化に対して主体的に是非を考え、悪いなら悪いと言うべきである。時代の流れだからどうしようもない、という意見はとても無責任だ。

私自身は、教育のデジタル化は非常にまずいと思っている。そもそも、なぜＧＩＧＡスクール構想などというものが出てきて、学校でデジタル化が推進されるかといえば、講演でも繰り返されていた通り、まず第一は商売だ。そして次に、官僚が自分たちの存在意義を作り出すために新しいことを始めたがる、ということだ。まして、その新しいことが利権につながるとなればなおさらである。

私は国語の教員だが、古典を含むいろいろな時代の文章を読みながら、人間は変わらない生き物であると感じている。昔の人が10年かかって身に付けたものは、私たちも身に付けるのに10年かかる。8年で済む人もいるかも知れないし、12年かかる人もいるかも知れないが、それは個人の資質の問題であって、方法を工夫すれば短縮できるというものではない。したがって、デジタル教材が効率的な成長をもたらすことはないだろう。

人類100万年の歴史の中で、私たちが携帯電話を手にしたのは最後の30年、スマホは10年だ。物事の影響には短期的なものと長期的なものがある。デジタルが果たして人間の成長に悪影響を及ぼさないかどうかは、慎重に見極める必要がある。人は便利だという目先の利益にばかり飛びつくが、今、問題が起きないからと言って、何年経っても問題が起きないという保証はない。新しい技術を能天気に信頼するのは非常に危険である。

さきほど講師から、若い教員に現場の状況なりそれについての自分の考えなりを書いて欲しいと依頼すると、長い文章は書けないので100字なら、というような回答を受けることが増えた、という話があった。私の経験から言えば、長い文章を書くのは簡単であり、本当に難しいのは、1000字、2000字分も書くことがあるのに、それを100字で書け、と言われることである。長い文章は書けないから100字で、という教員がいるとすれば、それは100字分のことしか考えられないということを暴露していることになる。それが本当にツイッターの影響なのかどうかは知らない。しかし、デジタルと無関係だとも言えない。

原因が何であれ、教員がそのように能力を低下させているとしたら、生徒に対してどのような教育ができるかは推して知るべしである。そんな能力の教員が、デジタルツールを持てば質の高い授業ができるということはあり得ない。むしろ、デジタルを用いることによって、立派な授業をしているような錯覚に陥り、実力不足を自覚できなくなることを私は危惧する。

校内のＩＣＴ担当教員の負担はおっしゃる通りかも知れないが、一方で、自分に活躍の場ができて喜んでいるコンピューター好きの教員が一定数いることも確かである。また、批判的に考える力を持たない教員は、管理職から「ＩＣＴだ」と言われれば、頑張ることが当たり前だと思って頑張る。これらは、部活動顧問と同じ構図である。部活指導を自分の能力を発揮できる場として歓迎している教員、「○○部を担当しろ」と言われれば、それが自分の本来の職務であるかどうかなど考えず、「はい、頑張りますっ！」という人がそれなりにいるではないか。そんな現場の批判的思考力の低下も、教育のデジタル化を推し進めていることは間違いない。

いずれにせよ、私たちはデジタル化をどうするかについて主体性を持たなければならないと思う。時代論、ご時世論などすべきでない。戦争は戦争、デジタルはデジタル、ではない。戦争にしても、デジタルにしても、人間の性質がそれぞれの問題を通して表面化しているだけで、根は同じだということをしっかりと自覚すべきである。

最後に、1月30日の読売新聞に載った、教育の急激なデジタル化を考えるシンポジウムのまとめ記事は非常にいい記事だった。学校図書館でたいてい持っていると思うので、ぜひ読んでみて欲しい。」

デジタル問題についての記事より（2022年2月4日）

1月30日に読売新聞に出たオンラインシンポジウム「教育の急激なデジタル化の問題を考える」という報告記事を紹介しておきたい。広告スペースも一切なく、1面全部という巨大な記事だ。元フランス国立衛生医学研究所所長ミシェル・デミュルジェ氏の講演要旨、国際ジャーナリスト堤未果氏と脳科学者（東大教授）酒井邦嘉氏の対談が載っている。紙面には、デジタル化への危機感が充満している。これはなかなか「あっぱれ」だ。直接、言葉を拾ってみよう。

「私たちは、真剣に考えるべきです。デジタル画面を使うことはリスクを伴い、使わなければ、リスクは全くないのです」（デミュルジェ）

「『タブレットはすぐ答えをくれるし、自分の頭で考えなくていい』。ある小学生の言葉です。スピードには中毒性があり、慣れてしまうと答えが出ない時にイライラし、『なぜ』と立ち止まって考えられなくなる」（堤）

「機械やＡＩを安易に使うことは『考えなくていい』と教えているようなものです。教育は決して効率ではない。『無駄こそ命』です」（酒井）

「検索サイトやSNSは退屈しないよう、常に刺激を与えて長時間見させることで利益を得るビジネスモデルです」(堤)

「私の考えは『いかに紙を大事にするか』です。ポイントは紙の持つ質感や情報量を軽視しないことです」(酒井)

「退屈や無駄の中に、実は人生の価値や、大人になって役立つものがあることを、私たちがどれだけ伝えていけるかが、重要な鍵になると思います」(堤)

「スマホやアプリを作る大企業の幹部は、自分の子どもをデジタルのない学校に入れています。ビル・ゲイツ氏やスティーブ・ジョブズ氏が、自分の子にスマホを持たせず、家族でいる時は電子デバイスを禁止したのは有名な話です。人間には想像力、共感力があって、そばにいない他者の痛みに寄り添うことができる。デジタルに置き換えられない価値あるものを、いかに探し出し、意識していけるかが、デジタル時代を生きていくために一番大事なことだと思います」(酒井)

これがまともな認識、まともな考え方というものであろう。ところが、多くの家庭も学校も、全く無批判にデジタル化を進めている。高校の職員室を見ていても、疑問や批判は一切ない。もちろん、こんな新聞記事をいちいち読んでいたりもしないだろう。

最近、アトピーやアレルギーが急増している。その原因は、身の回りにあふれる化学物質だと言われることが多い。それらの化学物質は、全て国の基準に照らして「無害」であるとされたものばかりである。しかし、その「無害」とは、しょせん数日からせいぜい数年の範囲、因果関係が明瞭である範囲における「無害」に過ぎない。

デジタルも同様である。使っている瞬間、その直後、せいぜい数日までの範囲なら、何の弊害もない。その後を含めても、因果関係が立証できるような影響の表れ方はしないだろう。だから人はメリットにばかり目を向ける。

「自然」から離れることには慎重でなければならない。人間が一度手に入れてしまった文明を手放すことがいかに難しいかということも考えると、せめて、新しいものを導入する時には最大限の警戒をする必要があるのだ。

やっぱりIT大嫌い（2017年11月11日）

某教育研究会で、現代文の公開授業を見た。選択制でわずか12名のクラスである。スマホが学力に悪影響を及ぼすのではないか？　という新聞記事を元にして、その是非をディベートする、というものだ。50人ほどの教員が見ていたにもかかわらず、生徒は物怖じをすることもなく堂々と自説を述べる。それに対して、聞いている他の生徒が素早く素直に反応するのも好感が持てた。先生の指導力のたまものだろう。

驚いたことに、生徒は机の上にスマホとｉＰａｄを出している。そして、意見を表明する時には、まずiPadで書き込みをする。するとスクリーン上にそれが投影される。なんでも○○というアプリを使っているらしい。

私のような時代遅れ、というよりアンチ文明主義者、もしくはデジタルアレルギーの人間は全然知らなかったのだが、○○とは、某教育会社が運営している無料のアプリで、そこに情報を入力すると、記録が残るだけではなく、保護者も含めたクラスや学年での情報共有が可能になるらしい。聞けば、類似のアプリは他にもあるという。

1時間限りの授業を見ただけでは、それがどのような効果をもたらすのかよく分からなかったが、ご丁寧に、当日配布された資料の中に○○のパンフレットが入っていたので、帰りの電車の中で熟読してみた。……申し訳ないが、これはいいな、私も出来れば使ってみたい、などとはゆめゆめ思わなかった。

活用事例集には、活用の効果として13のことが列挙してある。全てを紹介し、私が考えることを書くわけにもいかないので、例として一部に触れる。例えば②「連絡事項共有の簡易化」だ。解説が次のように書かれている。

「一日の最後に、先生は必ず児童・生徒に次の日の連絡を連絡帳に書かせます。しかし、低学年であれば正確な情報をそのまま書き写すことが難しく、非常に時間がかかってしまいます。また、高学年になればなるほど横着な生徒は、『分かったから』と書かないこともあります。また、連絡事項で先生が生徒に伝えているにもかかわらず、保護者まで内容が届いていないということも多々あります。」

このように問題を指摘した上で、〇〇を使えばこうなりますよ、という解説が以下の通りだ。
「〇〇の掲示板に連絡事項を投稿することで、児童・生徒に連絡帳を書かせることなく、情報を共有することができます。また、保護者も〇〇で子どもとつながっているため、確実に日々の情報や状況を確認することができます。」

恐れ入る。このようなものを読んで、「なるほど便利でいいなぁ」と思う人の気が知れない。なぜ、低学年で正確な情報の書き写しに時間がかかるかといえば、そのような能力が未発達だからである。そして、作業の粘り強い反復はそのような能力を育てるだろうが、〇〇のような手段に頼ってはそれが出来ない。

「分かったから」と言って書かない「横着な」生徒が、本当に分かっているのであれば、何も問題はない。大切なのは言ったとおりに書いているかどうかではなく、分かっているかどうかだろう。「分かったから」と言いながら実際には分かっていなかったら、それで問題が発生した時点で「書いておけと言ったのに書かなかったから」と指摘し、書くことの必要性に内側から気付かせていく。「反省」という行為だ。それは無価値なことだろうか？

生徒を通り越して保護者に連絡が伝われば、生徒が親に伝える必要はなくなってしまう。親も子どもを素通りして、先生にいろいろなことを言うようになるだろう。学校の情報が親子のコミュニケーションのきっかけになるチャンスを失い、大人同士のやりとりでいろいろなことが行われるようになれば、子どもがスポイルされる場面は増える。そして子どもは、ますます自立の機会を失っていく。

現在、○○のような教育アプリは使っていないまでも、メーリングリストを使って保護者に直接情報を届けている学校は少なくないだろう。それを更に過激にするのがこのアプリであると見える。生徒同士、生徒と教員、教員と保護者、教員同士、これらで情報を共有できるのは一見素晴らしい。しかし、人間と人間のコミュニケーションの基本は直接の会話である。人間は言葉だけではなく、相手の表情や雰囲気、声の大きさや質から多くのメッセージを読み取るからだ。それを疎かにして、画面の中での文字や写真のやりとりが大きな位置を占めていくことは、人間のコミュニケーションを間違いなく狂わせる。

私の口癖「便利と楽は人間をダメにする」。やっぱりそうなのである。面倒な思いをして紙に書き、伝わらない情報にいらいらする。だが、それらによって人間が成長し、コミュニケーションが生まれることを忘れてはいけない。

また、共有する範囲が広がり、情報が蓄積されるようになると、情報の量というものは加速度的に増大する。それら全てに目を通し、有効活用することが迫られれば、多忙は加速する。これは典型的な「灰色の男たち」(M・エンデの空想小説『モモ』に登場する時間泥棒)に時間を奪われる構図だ。

人間の情報処理能力は、機器がいくら進歩しても、基本的に変化しない。機器のおかげで情報量が増大し、人間の処理能力が変わらないとすれば、人間は機器に振り回されることになる。本当に大切なことは記憶している。記憶できないことは、たいした価値がないということである。「忘れる」ことによって情報の取捨選択を行うという生理的な機能は重要である。

残念ながら、解説書のページをいくらめくっても、なるほどこれはいいなぁと思えるものを、私はついに見付けられなかった。

このように考えるのは、私がＩＴ嫌いで、悪意的に物事を見るからだろうか？　それとも、このように考えるからこそＩＴ嫌いなのだろうか？

被災地の高校生（２０１３年１月28日）

先週土曜日の午後、関西からある著名な教育学者が石巻に来た。事前に知人から、老先生が被災地の高校生の話を聞きたいとおっしゃるので、適当な高校生を３～４人紹介してくれないか、と話があった。そこで、勤務先の選りすぐりの生徒４名に、我が家に来てもらった。私は口を挟むこともなく、老先生と生徒の１時間半にわたる会話を横で聞いていた。

少しちぐはぐな感じの面白い問答が続いた。被災して生活がどう変わったか、と老先生が問えば、４名のうち２名は自宅が完全に流失したのであるが、その子達も含めて、誰もが「何も変わらない」とまず答えた。続いて、いろいろな支援プログラムのおかげで、日本各地から、更にはアメリカ、トルコにまで行く機会が持てて良かった、と顔を輝かせる。最後に、各自が将来へ向けての夢を語った。高校卒業後の進路として「県外に出たい」が１名、「海外に行きたい」が１名、「決まっていない」が１名、「自宅で家業を継ぐ」が１名、就きたい職業も決まっていたりいなかったり、当たり前と言えば当たり前なのだが、てんでバラバラである。

最後に、私が感想を求められた。「ずいぶん正直な対談だった」と述べた。そう、石巻の高校生は、震災以来、「被災地の高校生」であることが常に求められてきた。自分の震災体験を語る際、何も被害がなかったとしても、それでは済ませにくいので、家や家族を失った友人のことを語る。将来へ向けての希望は、「被災地の復興に自分も力を尽くす」、というのが「答え」だ。外から来る人は、必ず悲劇の中で頑張っている高校生を期待し、生徒は、意識してかしないでか、期待を読み取り、まるで誘導尋問に引っかかるように「被災地の高校生」を演ずる。そんな生徒の姿を、私は幾度となく見てきた。なんとも後味が悪い。

思えば、どこの高校生にだって、地元に残りたいという生徒はいるだろうし、そういう生徒には、活力ある地元を作るために微力を尽くしたいという気持ちがあるだろう。しかし、それが被災地で語られる時、「被災地の復興」という言葉と結び付いて、実際以上に英雄的な存在に仕立てられてしまう。

この日集まってくれた4名には、そんな「演じる」気配が微塵もなかった。当たり前の「1人の高校生」として、素直に正直に、当たり前の自分の思いを述べた。「被災地の高校生」と一括りに出来るものは何もなく、にもかかわらず、老先生も彼らに何かを強いるようなところが一切なかった。その結果として、私はこの対談を爽やかな好感を持って聞くことができたのであり、それが「ずいぶん正直な対談だった」という感想になった。最大限の褒め言葉である。

「被災地の復興」などむやみに騒がなくても、石巻を離れることがあっても、一人の健全な社会人となり、世の中を支えれば、自ずから被災地のためにもなる。「被災地の復興」などという看板を背負い込んで、もっともっとスケールの大きなことが出来る人材が石巻に埋もれたのでは、逆に悲劇だ。彼らには、自分の個性と能力を最もよく発揮できる場所にいて、そこでいい仕事をしてくれれば、それが誰にとっても一番いいのである。

「悲劇」と「英雄」を求める心（２０１１年10月31日）

妻が持っていたある本を手に取って、パラパラとページをめくり、私はびっくり仰天。現在我がクラスに在籍するKが、実名で登場しているのである。本人も何も言わないし、同僚も誰一人この記事には気付いていないようだ。Kが登場する文章のタイトルは、「お年寄り救った少年は『1・17』生まれ」というものであった。私はこの文章を、学級通信の裏面に印刷して紹介することにした。

教室でプリントを配ると、生徒達から「おっ、すげーっ」みたいな反応がある一方で、当のKはご機嫌斜めである。それは、自分の善行を公にされることが「恥ずかしい」とか「照れくさい」とか、あるいはKの慎み深い性格による、というものではなく、この記事には嘘がいっぱいある、ということによるらしかった。Kから詳しく話を聞いてみると、よくあることながら由々しきことで、この記事は、ジャーナリズムや野次馬的な人々の心理と行動を代表しているようにさえ思われたので、ちょっと紹介しておこうと思う。

全文引用するには長すぎるので、私があらすじの形でまとめ、問題の箇所はほぼ原文通りに引用して、その後に（　）で事実はこうだというKの話を挿入する。

「Kは、震災の際に母親と共にJR渡波《わたのは》駅に避難し、かろうじて津波から逃れた。近くからは「助けて」という悲鳴が聞こえたが、誰も動けなかった。何もできないふがいなさと怒りがこみ上げてきた（ふがいなさはあったが、怒りはなかった）。

水の流れが落ち着いた頃、流れ着いた車数台に人影を見つけた。母親に「大人に任せなさい」と制止されたが、「自分がやらなかったら死んでしまう（「大人」が「老人」しかいなかったので、自分が行くしかなかった）と思い、胸まで（腰まで）水につかりながら車をこじ開けた。なぜかその時は強い力が出た（いつも通りの普通の力だった）。高齢者を6、7人助け終えた時、寒さで震えている自分にやっと気づいた（始めから寒かった）。

自宅は土台だけしか残っておらず、2軒隣に住んでいて「何でも話し合えた」という幼なじみの同級生（ただの同級生だった）の女の子は、遺体で見つかった。

1週間後、Kに助けてもらったという老人からのお礼のメッセージを持って、市職員が訪ねてきた。「そんなつもりで助けたのではない」と直接会うことは断った（市職員が訪ねてきた時、たまたま自分が不在だっただけ）。

阪神大震災からちょうど1年後の平成8年1月17日に生まれたことを今になって意識するように

なった（記者に生年月日を聞かれたので答えたところ、記者が「阪神大震災があった日だね」と言ったので、「そうですか」程度のことを言っただけ）。そして「阪神大震災もみんなが力を合わせて復興したんですよね（こんなこと言ったかな？）。この町も僕ら若者が立て直したい」と語った。」

潤色の方向性は明瞭である。それは、「悲劇」と「英雄」を作りたがっているということだ。新聞記者がこのような潤色をするのは、読者がそれらを求めているからである。自分の心の中にもともとある「悲劇」と「英雄」への渇望が、震災という格好のネタを見つけ出し、形にしてゆくのである。収められた他の記事も、そしてもしかすると、他の新聞・雑誌の記事も大同小異であろう。この記事を収めた本のタイトルは『がれきの中で本当にあったこと』（産経新聞出版）である。記事のみならず、ジョークとしての質も低い。

「佐村河内守」現象について（２０１３年８月25日）

佐村河内守《さむらごうちまもる》という人の音楽が、１年くらい前からしきりに話題になる。３月31日にＮＨＫで特集番組が放映され、今月11日には毎日新聞で、まるまる１面以上という破格の特集記事が組まれた。仙台でも、来年４月にこの人の交響曲第１番「ＨＩＲＯＳＨＩＭＡ」の演奏会が行われるらしいが、来年４月の演奏会チケットを今年の７月から売り出したことといい、東京エレクトロンホールという仙台で2番目に大きな会場で、特別な指揮者が来るわけでもない地元オーケストラの、しかも1曲だけの演奏会なのに、チケットが8000円もすることといい、正に異例づくしである。

音楽が大好きな私は、以前から気になっていたので、特番を見た上で、その反響の大きさによって放映されたという彼の第1交響曲演奏会の映像も、録画しておいて3回見た。ところが、私がそれを3回も見たのは、素晴らしいと思ったからではない。これだけ評判になっていながら、何が素晴らしいのか分からなかったから、とりあえず3回見てみた、というだけの話である。もう見ない。私が価値を見抜くだけの力を持たないのかも知れないし、性が合わないだけかも知れない。実際、曲に価値がないのかも知れない。要は、何が何だかよく分からないのである。

佐村河内という名字は初めて聞いた。ひどく時代がかった名字だな、と思う。広島出身の被爆2世で、ピアノを弾くことに関して幼い頃から類い希な才能を発揮したが、作曲を含めて、基本的に音楽は独学で身に付けた。35歳くらいの時に聴力を完全に失い、いろいろな病気も持っているらしい。大量の薬を服用しながら、聴力を失ったことによる神経の過敏から身を守るために光の刺激を避け、日中でも自宅ではカーテンを閉め、外出時はサングラスの着用が欠かせない……。

こんな話を聞きながら、私は、危ない、危ない、と思う。いかにもマスコミ(=それを支える多くの人々)の喜びそうな話がてんこ盛りだ。人の喜ぶ話の条件とは……そう、悲劇性と英雄性である。

健康上いろいろな問題を抱え、しかも聴力を失った天才音楽家が大規模な交響曲を作曲する。しかも被爆2世である。そこに東日本大震災被災地の少女との交流が絡んでくる。佐村河内といういかめしい名字や、常に黒い服を着、長髪・髭にサングラスと杖という風貌も演出効果を高めているだろう。宣伝とか広告というものが非常に大きな力を持つ現代に、日本人の国民性という問題もあって、これらの情報に踊らされ、彼の音楽を素晴らしいと思えなければ自分がおかしいのではないかと不安になる、周囲の人の様子に引き摺られてなんとなく素晴らしいという気になる、そういう人は非常に多いのではないだろうか？

彼の第1交響曲は熱狂的に迎えられているようだ。映像で見ると、日本では珍しいスタンディング・オベーションが長く続いている。しかし、同じ規模の曲として考えても、ブルックナーやマーラーのような「古典」としての名声が確立した曲に熱狂できる人の数よりも、佐村河内の曲に熱狂できる人の方がはるかに多い、もしくは熱狂の度が強いというのは、作曲者が会場にいることを意識しての反応だとしても、明らかに不自然である。

「現代のベートーベン」という評価も聞くし、佐村河内をベートーベンの肖像画に似せて印刷した新聞広告も目にしたことがあるけれど、まさに営業のための茶番である。佐村河内とベートーベンの共通点として「耳が聞こえない作曲家」以上のものを見出すことが、私には今のところできない。200年の批判に耐えてきた音楽と、つい先日書き上げられた音楽を同列に評価できるほど、一般人（ここに含まれない人は、ごくひとつまみの天才だけ）の審美的能力は高くない。そう書けば、今の人を馬鹿にしているようだが、今の人を馬鹿にしているのではなく、歴史を畏敬しているのである。

音楽以外の雑音が大きくなればなるほど、どれだけ心澄ませて純粋に音楽に向き合えるかが問われてくる。雑音があまりにも大きいだけに、佐村河内はその練習問題として最高の事例であろう。今、彼の音楽を褒めそやしている人の何割が、10年後に彼の音楽を手放せずにいるだろう？　１００年後に、オーケストラのレパートリーとしてどれだけ定着しているだろう？　私が何年後までを見届けられるか分からないけれど、楽しみにしていよう。あるいは、来年４月の演奏会チケットを７月から売り出したのは、主催者も現在の人気が曲の真価によるのではなく、一時的な流行であることが分かっていて、ほとぼりが冷める前にできるだけチケットを売っておこうということなのかも知れない、と意地の悪い想像をしてみたりする。

（補足）芸術の価値は主観的にしか把握できません。社会や政治に関する問題のように、全ての人の幸福を目指すといった価値判断の基準を設定することもできません。しかし、芸術以外の関連情報や人の評判という偏見（＝相対主義）から自由になって、作品そのものの価値を冷静に評価しようとすることは、間違いなく「哲学する」ことです。この文章には、佐村河内なる人物の正体が暴露される前にも後にも多くのコメントが寄せられましたが、事前に寄せられた批判的コメントの中に「佐村河内守は天才です。物事を斜めからしか見れない方に同情します」というものがあり、「哲学する」とは、「物事を斜めから見る」ことなのだと気付かされました。この文章を書いてからわずか半年後、佐村河内という「作曲家」が偽物であると暴露されることによって、「物事を斜めから見る＝哲学する」ことの真価が証明されたことは、私にとって実に痛快でした。

音楽は裏切らない（２０１４年２月５日）

佐村河内守という人の作った曲が、世間で大きな話題になっていることについて、昨年の夏に一文を書いたことがある。私自身はその価値がよく分からない、マスコミの報道や演奏会のマネージメントの仕方には怪しいものを感じる、ということを書いたに過ぎず、佐村河内氏自身や音楽を批判したわけではない。もちろん、彼の曲をすばらしいと言う人をバカにしたつもりもない。だが、そう感じた人もいたらしいので、佐村河内ファンの逆鱗に触れたら危ないから記事を削除しようかな、と迷いながら、状況がさほど悪化しないのをいいことに、そのまま半年が過ぎてしまった。

そうしたところ、今日になって、彼が書いたことになっていた作品が、新垣隆という人によって書かれたものであったことが明らかになった。現在の世の中における情報の拡散というのは恐ろしいもので、新垣氏の記者会見直後、早くも私の記事を評価する最初のコメントが入り、ブログへのアクセスが急増した。１日で数千の単位になったのは久しぶりである。今回に関しては、全て私に対する好意的なアクセスであることが分かっているので不安も不愉快もなく、むしろ気分がいい。

だが、ちょっと待てよ、と思う。多くの人が熱狂していたらしい交響曲「ＨＩＲＯＳＨＩＭＡ」や「ソナチネ」が本当によい曲なら、それが佐村河内氏の作品であるかどうかはどうでもいいことである。「だまされた‼」というのはよく分からない反応だ。もちろん、ラベルと中身が一致していないのだから「だまされた」には違いないが、曲の価値はそれとは無関係である。「アルビノーニのアダージョ」、「L・モーツァルトのおもちゃの交響曲」など、名曲と評価され人々に愛されながら、実は偽作であるということが分かった作品や、誰が書いたか分からない名曲というのはたくさん存在する。バッハの、あの「トッカータとフーガ　ニ短調」だって、偽作説は消えていない。

耳の聞こえない、被爆2世の、特異な名前と風貌の作曲家の曲ではないことで、曲が突然色あせて聞こえる人がいるとしたら、周辺情報に惑わされて音楽を直視していなかった自分の不徳をこそ静かに責めるべきなのだ。やはりいい曲だから捨てられないというのなら、作曲者が誰であっても、数百年後に伝わればいいのだ。

ＮＨＫが発信源で、その報道を責める声もあると聞く。毎日新聞についても同様かも知れない。私が「こんな曲を作曲しました」と言っても、「本当にあなたが書いたのですか？」と尋ねられるに違いなく、ＮＨＫや全国紙に信じてもらうのはなかなか難しいだろうと思う。にもかかわらず、佐村河内氏にマスコミがだまされたのは、やはり佐村河内氏の演出が巧みで、そこにマスコミが好む臭いがぷんぷんと漂っていたからであろう。あまり責めない方がよい。報道に「悲劇と英雄」とを過剰に期待し、踊らされた視聴者にも非があるし、民事的な責任は本人が粛々と取ればよいからである。

開催中の「佐村河内守作曲　交響曲第1番　ＨＩＲＯＳＨＩＭＡ」全国ツアーは、今後の分が全てキャンセルになったそうだ。滑稽な話である。「新垣隆作曲～」と看板だけ変えて開催すればよいと思う。純粋に音楽に向き合うことのできるいいコンサートになるはずだ。

この作品はなぜ「古典」になれたのか？（2022年11月5日）

県の国語秋季大会・古典分科会で次のようなお話をした。

「私にとっては当たり前のことが、人にとっては当たり前でないと感じることがよくある。学校でカリキュラムについての議論が行われる時、古典については入試に出るか出ないかという観点での議論になりがちだ。そんな時に、私は「私にとって当たり前のことが、人にとっては当たり前ではないかも知れない」という違和感を抱く。

私にとっての「当たり前」とは、そもそも古典とは何か？　という問題だ。

「古典」という中国語の熟語で、まず大切なのは「典」の方だ。これは（ホワイトボードに絵を描きながら）机の上に糸で結ばれた竹簡が整理された状態で置かれている絵を元に作られた漢字である。大切なのは、竹簡すなわち現在で言うところの書物が、床の上に乱雑に放置されているのではない、ということだ。これは、机の上に置かれているのが、敬意を持って扱うべき優れた内容の本であることを表している。

では、それになぜ「古」という漢字が加えられたのか。それは、この世に「いいものしか古くなれない」という自然法則が存在するからだ。家の掃除をしている時のことを考えてみると、そのことは容易に理解できるだろう。掃除をすれば、何かを捨てて何かを残すことになる。残す物は、おそらく思い出がたくさん詰まった物といい物で、捨てる物は思い入れのない安物だ。思い出は自分だけのものなので、思い出がたくさん詰まった物は、自分が死んだら捨てられてしまう。それでいい。しかし、本当にいい物は、世代を超えて受け継がれていく。だから、いい物しか古くなれないと言えるのだし、逆に言えば、意識的に残されてきた古い物は、全ていい物だとも言える。そうして生き残った敬意を持って扱うべき作品だけを「古典」と呼ぶ。

このことは、ヨーロッパ語でも似たり寄ったりだ。「古典」に相当する英単語は「classics」である。その語源を調べてみると、ラテン語の「classis」という言葉にたどり着く。英語の「class」と同じく、集団、グループを意味する。この名詞が最上級になると「classicus」となり、それが英語の「classics」となった。「最高級のグループ」という意味だ。「古い」という意味はない。しかし、ヨーロッパ人にとって「最高級の作品群」というのが、古代ギリシャ、ローマ時代の芸術や文学であったために、古いというニュアンスを帯びるようになった。確か、ルネッサンス時代のことだったと思う。

いずれにしても、まず原点にあるのは、「古典」は「古い作品」ではなく、「優れた作品」だという認識である。実際、中国人や欧米人が「古典」や「classics」という言葉を使う時は、「優れた作品」であることを意識していると感じる。一方、日本人は、高校の国語教師と言えども、古典とは何かということについて共通理解を持っているようには感じられない。だから、「古典」という科目の扱いについて話し合いをすると「入試に要る？　要らない？」というだけの議論になってしまう。「古典」

本来の意味は大切にすべきである。

そのことからすれば、例えば、現代文の作品を読んでつまらない＝価値がないと感じる時は、作品が悪い可能性がある。悪いのが作品なのか、その作品の価値を読み取れない自分なのかは分からない。しかし、古典はそうではない。何しろ多くの人の批判に耐えて生き残ってきた作品である。つまらないと感じるとすれば、悪いのは作品ではなく、その作品の価値を読み取れない自分であることがはっきりしている。ということは、古典の価値が分からない場合、それが理解できるようになるまで努力すべきだ、ということになる。自分の未熟を教えてくれる、それは古典の大切な機能である。

従って、古典を学ぶ時、常に意識しているべきは「この作品はなぜ古典になることができたのか？」ということだ。この問題意識を、私は授業で繰り返し繰り返し生徒にすり込んでいる。生徒は「いいものしか古くなれない」には容易に納得するし、すると「この作品はなぜ古典になることができたのか？」という問題の大切さも理解する。それをすり込むことはさほど難しいことではない。しかも、この考え方が通用するのは、文学作品に対してだけではない。だから、授業時間に余裕があって、少し寄り道をしてもいいと思った時に、私はクラッシック音楽や日本の古典芸能のビデオを見せるということがあるのだが、どんな分野の古い作品についても、授業の冒頭で「古典とは何か」を少し振り返り確認すれば、生徒はそれなりに真剣に向き合おうとするものである。

私は、現代文でも古典でも、最後に必ずまとめの作文を書かせる。授業では細部にばかり目が行きがちなので、作品に作品として向き合うためには、最後の作文がどうしても必要だ。ただの感想文で十分なのだが、古典の場合、「この作品はなぜ古典になれたのか?」という問題に必ず答えるよう指示する。

（配布した作文例を示しながら）生徒の作文には、具体性のない、曖昧なものが非常に多い。だが、私が担当している75人の頭を寄せ集めると、それなりの指摘が出そろう。やはり、古典を読む場合、「なぜその作品は古典になれたのか」という問題は、常に意識しているべき大切な問題だと思う。」

子供を取り巻く文化　「禁止」や「制限」時に必要
……抜本塞源の思想を（2012年12月18日）

一昨日の『河北新報』に、次のような私の作文が掲載された（一部改）。

「いじめや低学力など、今の学校に山積している問題に、現場で対処している人間の一人として、徒労感を感じるのはなぜだろう?　それは、いくら頑張っても結果が出ないというよりも、むしろ、原因となっているものがたくさん見えているにもかかわらず、それらを放置したままで、際限のない末端処理に追われているからだと思う。原因の一つとして近ごろ特に思うのは、子どもたちを取り巻く文化の問題である。

最も分かりやすいのは携帯電話だ。電車に乗ると、子どもと言わず大人と言わず、ひたすら携帯電話の画面に見入っている姿を多く目にする。高校の教室でも同じである。授業が終わった瞬間に携帯電話を開く。授業中でも気になるらしい。携帯をしまわせたり、取り上げようとして起こるトラブルは、どこの高校でも日常茶飯事だろう。

10年余り前には、携帯電話の学校への持ち込みを禁止しようといった議論が行われたが、今は実行不能な空論であることが分かっているので、話題にさえならない。「節度ある使用」さえ、指導はなかなか難しい。子供から携帯電話を取り上げたら、精神の安定を失い、何らかの事件さえ起こしかねない。

この状態の中で、勉強しろと言うのは無理がある。じっくり落ち着いて理解し、記憶し、考え、創意工夫をするといった、人間の成長にとって大切な作業とは正反対のものばかりがそこにはある。メールの乱用による直接的コミュニケーションの衰退は、人間関係のつくり方に関係するという点で、さらに大きな問題かも知れない。思えば、進化したおもちゃやゲーム機、アダルトビデオなど、子どもが安易に強い刺激を得られるものは、その弊害を考えることなく、実質的に野放しにされ、しかも利用者層が低年齢化しているように見える。

防犯の観点から子どもに携帯電話を持たせるとしても、機能を最少限に制限することはできるはずである。にもかかわらず、そうしないどころか、スマートフォンのように高機能化した物が売られ、欲望を刺激する。人が喜ぶ物はいいものだという単純な発想がある上、利益が絡んでおり、社会全体としても、お金になるものに文句を言えない雰囲気が存在するからである。つまり、私たちは、便利さと利益にばかり目を奪われた結果、より大きく構造的な不利益を生み出しているのではないか。経済は大切だ。しかし、それだけが大切なのではない。大切なのは、お金ではなく幸せである。お金は、幸せを実現する手段として有効な場面でだけ価値を持つ。私たちは東日本大震災によって、人と人とのつながりや、平凡な日常生活の大切さとありがたさ、そしてそれらこそが本質的な幸せであるということを学んだはずである。

起こってしまった問題をどのように解決するかを考えるのではなく、どのようにして問題を起こさせないかを、もっと真剣に考えたい。そのためには、子どもたちを取り巻く文化環境を見直し、地道で基本的な作業に忍耐を持って取り組ませるべきである。麻薬と同じで、人間を内側から駄目にするものに対しては「自由」を言い訳にせず、禁止や制限といった措置を取ることが必要だ。賭博が盛んな大人の世界についても問題は同様だが、特に子どもについてはなおさらである。」

中国に「抜本塞源《ばっぽんそくげん》」（本を抜き、源を塞ぐ）という言葉がある。『春秋左氏伝』という紀元前に書かれた書物に見られる古い言葉だ。漢字を見ればおよその見当が付くとおり、物事を根っこの所で止めるという意味だ。川の上流で、直径1センチの管から猛毒を垂れ流したとする。その管に栓をすれば、それだけで下流の汚染は完全に収まるが、流入を放置したままで、下流の水から毒を除去するのは、とてつもなく大変な作業だ。だから、問題を解決するには、根源の所で手を打たなければならない。

時々新聞の投書欄にも載ったりするが、まともな大人なら、子どもが今のように携帯電話やゲーム機を持ち、それに心と生活を支配されていることの恐ろしさ、じっくり落ち着いてものを考え、記憶するという作業が出来なくなっているという弊害の深刻さは分かるはずだ。

選挙で「教育改革」が叫ばれるたびに暗い気持ちになるのは、根っこに目をふさぎ、結果的な現象への対処を迫れば、費やすエネルギーが膨大である上に、本質に沿わない策を弄するしかなく、徒労感をもたらすという自然法則があるからである。

麻薬と同じ。人間を内側から駄目にするものに対しては、「自由」をきれいな言い訳にせず、断固として排除していくことが大切である。極端なほどの自由主義者である私でさえそう思う。特に未成年においては……。

文化の質は、かけた手間暇に比例する（2008年3月18日）

入学後、早い時期に諸君に語ったことの中から、いついかなる場面においても重要なことだと思われることを復習して、学年末のメッセージに代えようと思う。「文化の質は、かけた手間暇に比例する」という、世に有名な（?）「平居の格言」の一つである。

Culture（文化）という言葉はCultivate（耕す）という言葉から生まれているが、その意味は、Agriculture（畑の文化＝農業）という言葉の意味を考えてみるのが分かりやすい。形と味が良い（＝高い値段で売れる）リンゴを収穫するためには、良い種と良好な自然条件と、手間を掛けることとが必要だ。リンゴを文化と考えるならば、文化はそれを創り出す人間の素質と環境と努力とによって質が決まる、と言える。素質と環境のほとんどは変えられない（定数）ので問題にしないことにする。そうすると、文化の質というのは努力（変数）によって決まると単純化できる。これは、歴史に残るような優れた文化的成果だけではなく、平々凡々な一人ひとりの身に付ける価値においても同じことが言える。

立場上、勉強の仕方というものを尋ねられることが多い。しかし、最近は真面目に答えなくなってしまった。なぜなら、そういう質問をする人は、勉強の仕方が分からないのではなく、楽な勉強の方法を探しているだけだということが、よく分かってきたからである。楽な勉強の仕方があれば、私自身が教えて欲しい。小学校入学以来40年近く、色々なことを勉強してきたが、いまだに、何かを始める時には、もう少し楽な方法ないかなあ、と思いながら、本を何度も何度も読み、辞書を引き、ノートに写し、カードを作るというううんざりするような作業をするしかないのである。

高い価値を持ったものは苦労をしなければどうしても身に付かないというのはやっかいだが、別の言い方をすれば、手間を掛ければそれ相応の価値が確実に身に付くということでもある。もっともっと苦労せよ、若者!!

（仙台一高62回生「学級通信」）

第5章　命と心の問題をめぐって

命の循環に入る（２０１８年7月5日）

どんなきっかけだったか憶えていない。授業の時、ある生徒が「平居先生はどんな死に方がしたいですか?」と質問をしたので、「コンクリートブロックか何かを体に結び付けて、海にドボンだな」と答えた。以下、その続きである。

「え?　自殺ですか?」

「いやいや、自殺という表現はふさわしくない。いよいよ明日にでも死にそうだという状態や、頭がおかしくなって自分独自の思考が出来なくなったらそうしたい、ということさ。もちろん、そんな状態の時に一人ボートで沖に漕ぎ出してドボンなんて出来っこないから、結局、言うだけで終わってしまうのさ」

「なんでそんな変なこと考えるんですか？」（生徒笑）

「お魚の餌になりたいんだよ。今は日々他の生き物から命をもらって生きているわけだから、生きているまま食い殺されたいとは思わないけど、死んだ後くらい他の命を維持するために役に立ちたいわけさ。命はそうして循環しているものなんじゃないかな？　死んだ後にまで貴重な石油を燃やし、ゴミである二酸化炭素を大量に出して地球を汚すなんて、私には考えられないね。知っているだろ？私の合い言葉は〝資源と環境を後の世代に〟だよ。あんたたち、人間の死体を燃やすのにどれくらい石油を使うか知ってる？」

「そんなこと知ってるわけないじゃないですか」

「東日本大震災の時に聞いた話なんだけど、55リットルだってよ。石油は有限で、この世に生まれてくる人は必ず死ぬわけだから、生まれてくる人数×55リットルの石油を燃やすなんて、永久に続くわけもなし、私には狂っているとしか思えないね」

「だけど、先生が言うみたいに海にドボンが実際に出来ないとしたら、結局そうなるじゃないですか」

「いやいや、私が死んだ後で誰かが海に捨ててくれたっていいんだし、それがダメなら土葬でいいよ。土の中でバクテリアの餌になり、それが土を作って植物を育て、また別の生き物の命になるからね。大切なのはそんな命の循環の中に入ることさ。土葬なら少し現実的だ」

「やっぱり先生って変ですね。普通の人なら土葬なんて嫌だ、火葬にしてくれ、って言いますよ」（生徒笑）

「どうしてそんなこと言うんだろうねぇ。理由説明できる？　単にみんながそうしているから、とか、そうすることになっているからっていうだけなんじゃないのかな？　みんながそうしてるからっていう考え方、けっこう落とし穴だと思うよ。私はいつもそう思っている。スマホだって、みんなが持っているからっていう理由で持っている人、少なくないんじゃないかな？　だけど、それが〝正しい〟選択だっていう保証はないよね。あなたは、今の私の話を聞いて、何かの餌になることと石油を燃やし二酸化炭素を出して灰にすることと、どちらが自然界の理に適っているかを、人のやっていること、言っていることに振り回されず、じっくり考えればいいんだよ。分かったかな？」

「分かりました。やっぱり先生は変な人です」（生徒一同大笑い）

生徒の考え方や反応は、「みんなと一緒が当たり前」という日本人の特性をよく表していて面白い。死んだら火葬というのは、日本社会の「当たり前」だが、果たしてそれは本当に「当たり前」なのだろうか？　人々が火葬を「当たり前」だと思うのは、現在の火葬率がほぼ１００％であるからに過ぎない。

調べてみれば、火葬は決して伝統でも固有の文化でもない。１８７３年（明治6年）には火葬禁止令すら出ている。では、なぜ今、そんな不合理な火葬を行うのだろうか？　それは人口問題と深く関係する。日本で火葬率が90％を超えたのは、人口が1億人に達した１９７９年のことだった。輸入資源で遺体を燃やすことが不合理であるとは知りつつ、土地がないために火葬にせざるを得なかったようだ。人口が多すぎるというのは本当に困った問題なのである。

命の価値と生きる意味（2015年8月13日）

夏休み中、卒業生を始めとして多くの人と会う機会があったが、何回か、「生きることの意味」について意見を求められた。人は何のために生きるのか、人生にどのような意味を見出していくか、というような話である。私は、この問題の中に、文明の発達によって「自然から離れた人間」が象徴されているように思う。

全ての生物は命を繋ぐためだけに生きている。日々、食糧の確保にあくせくするのも、配偶者を得るためにいろいろな技を考え出すのも、全ては子孫を残すという目的のために必要だからである。命は100%、命の継承のためにのみ存在し、用いられる。そこに、「なぜ生きるのか」という疑問が入り込んでくる余地はない。

だが、生きることの意味のみならず、命の価値そのものが現代人には悩みの対象となる。震災など多くの死者が出る事故があった後、いじめなど社会的問題による自殺者が出た後、「命」の大切さを考えよう、訴えようといった呼び掛けがよく見られるが、おそらく、そんな悩みは元々存在しない。

人間が、何のために生きるのかと考え、命の絶対的な価値を忘れるのは、生きること自体を目的として生きる時間に余剰が生じたからである。なぜ余剰が生じたかと言えば、人間の努力によって技術革新が行われたからであるが、その大部分は、石油を燃やすことの上に成り立っている。

つまり、石油を燃やして、人間が人間以上の力を手に入れ、少人数で食糧生産が可能になり、命の前提である食糧確保にほとんど時間を費やす必要の無い人が増え、余った時間で何をするかを考えた時に、人間の生活を「豊か」にするための新しい仕事を考え出すと同時に、存在の価値や意味に悩むようになったというわけだ。悪く言えば、人間は石油の力を借りて無駄に暇で豊かだから、そんなことに悩むしかなくなったのである。まして、そんなことに悩みながら、にっちもさっちもいかなくなって子孫を残すことが疎かになる（少子化）など、本末転倒・倒錯以外の何物でもない。

かく言う私も、自分の時間の使い方についてはよく考える。どのような生き方をすることがよいのか、ということについても悩む。だが一方で、それは人間が「高等」生物であるがゆえの特権であるよりも、むしろ「豊かさ」の上に成り立つ一種の贅沢な暇つぶしに過ぎない、と常に意識している。そして、その意識は、自分が一人の人間として思い上がらないためにも、悩みに自分が押しつぶされないためにも大切だと思っている。人間は本来、生物の一種であり、自然の一部分でしかない。

平安時代の「大人」（2015年9月3日）

18歳で成人になれば、酒もタバコも許されるのかという問題は、教員だけではなく、生徒も関心を持っている。授業の時に、少し質問が出て話題になった。その際、選挙権を18歳に与えることについても、飲酒・喫煙を認めることについても、先生はどう考えるのか、と聞かれた。私は、少し長くなったが、以下のような話をした。

「18歳に有権者となるだけの判断力があるのか心配だ、という話は、年配の人からだけでなく、若者からも出ているらしい。私も18歳の判断力、その元になる世の中を眺め回す力は必ずしも十分ではないと思う。だけど、だったら20代、更には40代、50代だったら十分なのか、と考えると、たいしたことはないな。個人差も大きい。そもそも社会的判断力が十分かどうかを判断するための基準をどうしたらいいかがよく分からない。だとすれば、1000兆円の借金に象徴される国策の影響は、若い人ほど強く受けるわけだから、できるだけ多くの若い人に選挙権を与えることは必要だと思う。

一方、酒・タバコの問題は、そのような知的能力ではなく、身体の発達の問題なので、別の基準で考える必要がある。選挙権を18歳に与えたのだから、酒もタバコもという問題ではないな。じゃあ、体への影響から考えて、飲酒と喫煙は何歳からOKにするのがいいのか、と言えば、おそらく、タバコは年齢に関係なくダメで、飲酒は分からない。政治家ではなく、医学者が議論した上で、政治家が制度化すればいいいと思う。議論するのはまず医学者だ。

そういうこととはまったく別に、私はこんなことも考えてみる。

古典を読んでいると、昔の人は、大人になるのがすごく早かった。男か女かによっても違うけど、12歳から16歳くらいで成人と認められるための儀式をしていたんじゃないかな。成人になれば即結婚

ＯＫ。結婚すれば出産・子育てだ。貴族の子どもは、成人すると朝廷で仕事をするようになる。結婚・子育てするためには経済力が必要だから、それは当然だね。

じゃあ、どうしてそんなに早く、しかも、一人ひとりが違う年齢で成人と認められたかと言えば、おそらく、生殖能力の完成した、つまりは「始まっちゃった」時を成人としていたからだと思うよ。生殖能力が完成すれば、出産の前提となる結婚ができるのは当たり前。彼らには多分「生まない」という選択肢はなかった。だから、全ての人が成人してすぐに結婚していたわけではないんだけど、基本は「生殖能力の完成＝成人＝就職≒結婚→出産」だったわけだ。

これは生き物としてはごくごく自然なことだよね。人間以外、全ての生き物は、命を繋ぐためにだけ生きている。おそらくだけど、俺は何のために生きているのか？　などとは絶対に考えない。川上で孵化したサケは、川を下り、北太平洋で成長し、４年前後で元の川に戻り、卵を産むと、孵化を見届けることもなく、ぼろぼろになって死んでしまう。この姿にこそ、命の本質は象徴的に表れている。卵を産んだことで、そのサケは命の目的を果たした。そして、サケにとって価値ある生涯だったんだ。

今、日本人の初婚平均年齢は、男女ともに30歳くらいかな。つまり、生殖能力が完成してから15年くらい結婚しない。それどころか、男で５人に１人、女で10人に１人は、一生結婚しない。私の身の回りを見てみても、結婚したけど子どもを作る気はない、という夫婦も珍しくない。これは、人間がいかに自然から離れてしまったか、いかに生物としての性質を失いつつあるか、ということだ。（注：これは個人の問題、すなわち、結婚しない人は自然から離れた人だ、ということではない。人間全体の傾向の問題です。誤解なきように。）

こんなふうに考えてくると、政治家が集まって「大人」を18歳にするか20歳にするか議論するというのは、すごくバカげたことに思われてくる。本来は、生殖能力が完成した時が「大人」になった時で、その時点の思考力・判断力が、「大人」の思考力・判断力だ……こういう考え方もできるんじゃないかな。そんな考え方をすれば、18歳が成人年齢というのは、遅すぎることはあっても早すぎることはないと思うよ。」

もちろん、実際には、生徒のヤジを上手くかわしたり利用したりしながら、多少面白おかしく話すのであるが、生徒はまずまずよく聞いていた。

「心のケア？」……私には分からん（２０１１年11月29日）

先週の土曜日、東京で50分ばかりお話をした。３月11日以来、石巻で自分が見聞きしてきたことをそのまま話しただけである。

多少の質疑があり、終わった直後、大阪か兵庫から来たと思しき方から声を掛けられた。私が、生徒の「心のケア」の必要性を感じていないと語ったことに問題があったらしく、憮然とした表情で、語気を強めて次のように言った。

「今聞いた話は、私たちが神戸で経験したこととまったく同じだ。だが、神戸でも、心の障害は震災の直後ではなく、1~2年経ってから表れた。私たちは、そのことをいろいろな形で発信してきたのに、受け止められていないのは心外だ。心のケアが必要になるのは、今からなんですよ」

私としては、あくまでも現在の自分の身の回りの状況についての実感のみ話をしたわけで、不勉強と言われれば確かにその通りなのだが、まあ仕方がない。そのご指摘をありがたく頂いておき、今後の備えにすればよいのである。今回の震災についても、世の中で「教訓」ということがずいぶん語られるが、神戸の教訓が私たちに生きていないとすれば、教訓を生かすのも難しいということを「教訓」にせねば、と思うばかりだ。

ただ、私は以前から、「心のケア」にはけっこう冷たい人間である。ケアしなければ、と身構えることは、ケアの必要な状況をわざわざ作り出してしまうことになりかねないと思うし、人為的なものは別として、自然に原因があるトラブルは、耐え忍ぶしかないと考えるからだ。何でもかんでも、周りが世話を焼こうとする状況が日本にはあって、これが、何かにつけて私が問題とする、「内側から支えられていない日本人」を作り出してしまう。

不登校にしても、それがただの怠け心でないのかどうかの見極めは難しい。「ふざけるな」と怒鳴りつけてしまった方がいい場合もあるかも知れないし、本当に病気の場合もあるかも知れない。

先週火曜日だったかのNHK「クローズアップ現代」で「現代型うつ」を取り上げていた。見ていると、私が心の病にかかりそうな不愉快を感じたので、冒頭だけで消してしまった。それによれば、「現代型うつ」とは、連休明けや月曜日に多い倦怠感や虚脱感、会社には行けないが、趣味や娯楽には活発に取り組める、自分に対する罪責感がなく、世間や他人を責める傾向がある、抑鬱感や死にたいという衝動はない etc……というものだということだ。これが病気かと呆れてしまう。

昨年1月6日の読売新聞に、なかなか深刻な記事が載った。それによると、SSRIという手軽に使える抗うつ薬が登場した1999年から、うつ病と診断される患者が急増した。

心の病が疑われる時、「甘ったれるな！」と突き放すことで、万が一トラブルが起こると困るので、疑わしい時には病気だとしてしまった方が面倒がない。それによって、病休者が増えることは会社にとって重い負担になるが、面倒が発生するよりはマシである。医者も同様で、面倒を避けるためには病気だと診断してしまった方がいい。しかも、医者の場合は、会社と違って病人が増えた方が収入が増える。非常に使いやすい抗うつ薬の登場で、薬が処方しやすくなった＝病名を付けやすくなった。そして、病気だとの診断が下れば「治療」や「ケア」が必要となる。

私は、人間の精神とはなかなかに強靱なものだと思っている。歴史を学ぶと、人間の精神力に感嘆する場面がたくさんあるからだ。特別な英雄でなくても、である。ただし、それは人間が内側から支えられている場合だ。内側にあって人を支えるものは、正義感や使命感といった高尚なものである場合もあれば、金銭や地位に対する欲望といった卑俗なものである場合もあるが、それはどちらでもかまわない。何かが内側にあることが大切なのである。

内側から支えられていない人間が、精神に変調を来し、「ケア」という形で外側から手を差し伸べられる時、ことは悪循環を起こす。外から手当てされることで、責任を堂々と外に求められるようになり、内面が疎かにされて力を失い、内面が弱くなるからますます「ケア」が必要だ、という悪循環である。

私は「心のケア」が必要だとも必要でないとも言っていない。分からない、と言っているのだ。だが、「甘ったれるな！」で出来る限り済ませるべきだとは思っている。多少の問題が起ったとしても、その方が、人間全体を「退化」から救うことになるからである。

心の強さ、弱さ（2021年5月4日）

郭晨『女たちの長征』（田口佐紀子訳、徳間書店、1989年）という本を読んだ。中国で国民党と共産党が政権を求めて争っていた1934年10月から1年間、後に「長征」もしくは「大長征」と呼ばれるようになる共産党の大逃亡作戦で、そこに参加したわずか30人の女性たちが、どのような日々を過ごしたかについて聞き書きしたものである。そこに描かれているのは、想像を絶する過酷な毎日だ。読みながら感じるのは「人間は強い」ということである。

長征中の毎日なんて、「心のケア」が必要なことのオンパレードだ。しかし、彼女たちは、耐える以外にどうすることもできなかった。耐えられなければのたれ死ぬか、国民党軍に殺されるしかなかったのである。しかし、そんな中でほとんどの女性が生き延び、狂気に至ることもなく、「楽しかった」

とさえ言う。奇跡的に1万2000㎞を歩ききって陝北《センポク》革命根拠地に到着した後、彼女たちは共産党の中心に立って、革命の成就のために努力を続けた。結核を患いながら長征を乗り切った鄧穎超《とうえいちょう》（周恩来夫人）は、次のように言う。

「ある確固とした信念が私を勇気づけていました。――革命の前途は明るい、私の病気もきっと治る。治らなければならない、党と革命のためにもっと働くために。」

極限状況下で、おそらくは根拠らしい根拠もなく、「革命の前途は明るい」と言える感覚は尋常でない。だが、この言葉からは、彼女たちが長征に耐えられた理由が楽観性だけではなかったことが分かる。それは目的意識や使命感の存在である。それはほとんど宗教的信念とでも言うべきものであり、人間はそれによって内側から支えられている時にこそ強靱なのである。

ところが、驚くべきことに、長征という極限状態に耐えたほどの人たちでも、耐えられないことが存在した。『女たちの長征』の後日談的部分を読むと、彼女たちが精神を病んだり、そのあげく自殺を試みたりする話が出てくる。

例えば、毛沢東夫人賀子珍《がしちん》は、毛沢東と不仲になることによって精神を病んだ。甘棠《かんどう》は文化大革命中に、かつて敵の捕虜になった時に敵の中隊長から暴行を受けた過去を暴露され、はやし立てられることで自己の殻に閉じこもるようになった。危挾之《ききょうし》は、1943年の整風運動の際、スパイとのレッテルを貼られたことを苦として自殺未遂をした。

長征とこれらの違いは何か？　それは、仲間を心から信頼できるかどうか、ということと、苦しみの原因を納得して受け入れられるかどうか、ということだったのではないか。長征の苦しみが、敵による苦しみであって、革命という理想を追い求めるためのハードルとして納得して受け入れられるのに対して、その後の苦しみは信頼する人や仲間に裏切られ、不当に自分の名誉を傷つけられるという、本人にとって納得のできない、精神的な苦しみだったということである。

そう思うと、物理的な環境と心を病むかどうかはあまり関係がない、ということになる。現在の豊かな日本で安穏とした生活をしながら心を病むのも、「甘えている」とか「ケシカラン」とか言うようなものではないらしい。長征の話を離れて、人間の強さと弱さについてひどく考えさせられた。

親離れ、子離れ（2014年4月27日）

埼玉県の高校の先生が、自分の子どもの入学式に出席するために、勤務先の入学式を欠席したことが問題になった。私は最初、人から教えられてネットでその記事（埼玉新聞）を読んだが、全国紙で記事を見なかったので、全国紙となれば「この程度のこと」は記事にしないということなのだろうと思い、安心していた。そうしたところ、4月23日の朝日新聞にけっこう大きな記事が出たので、少し触れておこうと思うようになった。

記事によれば、入学式に担任がいないことに気付いた新入生や保護者から不安の声が上がり、その日のうちに、2名の保護者が県教委に文句を言い、翌日には「刷新の会」の県議が、「倫理観が欠如している」という担任批判をフェイスブックに書き込み、これらを受けて、4月11日の校長会で教育長が「注意」をした、という。

記事が簡略なので、問題とされた先生の家庭や勤務校の状況が分からない。それらによっては、多少評価が変わるかも知れない。以下は、そのことを断った上での私の思いだ。

一般的な状況で考えると、私がその先生の立場であれば、迷うことなく勤務校の入学式に出ただろう。しかし、それは自分の子どもに対する愛情が希薄なわけでも、職業意識が高いわけでもない。「入学式」自体をたいしたものだと思っていないからだ。そもそも、生徒本人ですら、入学式への出席が入学許可の条件ではない。式は形式的、儀礼的なものである。通常の1日と同様に、子どもは一人で学校に行かせ、自分は出勤する、というので何の不都合もあるまい、と思う。

朝日新聞でも指摘されていたが、この問題の背景として最も重要なのは、子に対する親の関与が過大である傾向である（東大大学院教授・本田由紀氏のコメント）。自分が担任として新入生を迎える立場にありながら、小学校ならまだしも、高校に入る息子の入学式にわざわざ出なければならないのか、とも思うし、教員が誰も来なかったというわけでもあるまいし、担任がその日たまたまいなかったくらいで、どうして親が大騒ぎしなければならないのか、とも思う。

最近は、大学の入学式にも、ほとんどの親が出席するという。大学によっては、入学式当日に、保護者のための就活セミナーを開くという話も聞いたことがある。私などは、受け持ちの最初に、「自分でできることは自分でさせて下さい」と親に強く言うことにしているのだが、それでも、生徒自身が私に言えばよいことについて、わざわざ電話をかけてくる親が時々いる。私は、「親がわざわざ電話を寄越すようなことじゃないでしょう。本人に直接言わせて下さい」と言って電話を切る。少子化のせいなのか、無駄な豊かさのせいなのか知らないが、とにかく保護者（実は教員も）の過干渉、子どもを自立させない傾向は強いのである。それでいて、大人はすぐに「最近の子どもは幼い」と文句を言う。

県議のフェイスブックは、浅はかな「公務員（特に教員）バッシング」だと思って無視した方がよい。入学式当日とはいえ、正規の手続きを取って年次休暇を取得することが、「倫理観の欠如」だとは恐れ入る。「あんた正気か？」というレベルだ。だが、県教委が校長会で注意したということは、その年休申請（事由を書く欄はないはず）を校長が受理したことも含めて、県が「倫理観の欠如」を認めたということなのかも知れない。

教育長は、保護者や県議から受けた批判について是非をよく考え、その結果として「注意」をしたのだろうか？　私は少し疑わしく思っている。本来、上に立つ者は、しかるべき理念を持ち、正当な批判には謙虚に耳を傾け、不当な批判には理念に基づいた説得をし、毅然とした態度を取る必要がある。しかし、県により、問題によって違いはあるかも知れないが、近年の教育行政は、外部からの批判や要求は何でも受け入れようとする傾向が強い。外部に対していい顔をしたがっていると同時に、トラブルを極度に恐れていることによるようだ。

だから、埼玉県教育局に寄せられた意見に教諭擁護の意見が多かったことや、批判した県議のフェイスブックが炎上したことには、若干の安心を覚える。しかし、教育行政（管理者）だけではなく、現場の教職員も、世間から批判されることに対しては非常に敏感であり、弱気であり、萎縮傾向が強い。今回、「たかが入学式」にいるかいないかでこれだけ大騒ぎになれば、今後は杓子定規な勤務最優先の考え方がますます強まるだろう。使命感や自分なりの教育信条に基づいてそうなるならよい。問題は、それが周りの顔色を伺うという、教育現場で教えるべき生き方とは真逆の発想に基づくということだ。

いじめは増え続けるさ（２０１２年8月28日）

昨年10月、大津市でいじめにより中学2年生が自殺した事件をきっかけに、今改めて「いじめ」についての議論がかまびすしい。一昨日だったたか、第三者による検討委員会が発足したという。いじめを今後再発させないためにどうすればよいのか、検証・検討を進めるという。

私は基本的に、いじめとは、弱くて努力の出来ない怠惰な人間が、手っ取り早く優越意識を持つために行うものだと思っている。一度いじめが始まってしまうと、周りの顔色をうかがいながら同調する者も現れる。それは、便乗の場合も、自己防衛の場合もあるだろう。

だとすれば、私は社会全体の構造的な問題として、いじめは増える要素しかないと思っている。根っこにあるのは、易きに流れる人間の性質と商業主義だ。あらゆる場面で便利になり、自分が望んだものはすぐに手に入らないと（実現しないと）気が済まない。我慢というものが尊重されない。教育の場でさえ、正しさよりもいかに利益を得るかという観点が幅をきかす。つまり、人間はどんどん気が短く、我慢が出来なく、打算的になっているのだから、弱い自分に向き合いながら正しい生き方や本当の面白さを求めて努力する、などということにはなりようがない。それでも、人間は人より自分が優れた（強い）人間であると思いたい。少なくとも、劣等意識は持ちたくない。すると、人をいじめるのは手っ取り早い解決方法だ。

いじめが起こってしまった後の検証は、大津波が来た後に、大きな被害が出た原因を分析するのと同じ、ただの「学問」である。しかも、大抵は、問題となっている事件と直接の因果関係が証明されることしか問題にされない。しかし、右に書いた通り、いじめが社会全体のひずみとして発現しているとすれば、根っこの所にあるものに手をつけない限り、どうなるものでもない。

おそらく、第三者委員会による検証の結果、事件の直接のきっかけとなったような「部分」の問題だけが指摘され、それに基づいて対策が取られた結果、何かを「やった」というパフォーマンスと一部の自己満足、そのための教育現場の多忙と徒労感、そして更なる状況悪化への悪循環が起こるばかりであろう。無根拠な平居の妄言と言ってはいけない。例えば、「教員の質の低下」が問題となった結果、教員免許更新制の導入、研修の充実（増加）、教員評価制度の強化といった対策が取られたが、それらによって教員の質が改善された、もしくはそれらの対策が生んだデメリットよりもメリットの方が大きい、と考える人がどれだけいるだろうか？　少なくとも、教員の世界では極めて少数だろう。どんな問題を例にしても同じだ。

本当にいじめをなくしたければ、目先の損得や誰かと比べての優劣を動機付けのために利用せず、少なくとも学生のうちは「楽」をさせないことに尽きる。ゲーム機や携帯電話、パソコンを持たせない、親が子どもを車で送迎するのは禁止、親は子どもが自らすべきことを取り上げない、テレビは一家に一台で十分、アダルトビデオなど論外、紙と鉛筆と本を使って勉強させる、古いものを直しながら大切に使う、使い捨ては医療器具に限定、家の手伝いでもいい、体を使って労働させる、下手に「ケア」などせずに我慢させる、プライバシーを制限し、個室を持たせない……、そういうことこそが、迂遠ではあるけれども本質的な、「いじめ」を無くすための方法だ、と私は思っている。

プライバシーと人間の成長（２０１０年12月26日）

年賀状を書く季節である。宮城県には『宮城県教職員録』という名簿がある。県内全ての学校と教育関係機関、団体およびその構成員を網羅する名簿である。かつてそこには、教職員の名前はもとより、担当教科、号俸（給与額を示すものだが、およその年齢が推測できる）、自宅住所が載っていた。20年ほど前までは、この名簿を見ながら年賀状の宛名書きをしたものである。ところが、「プライバシー」に関わるからということで、本人の意思で住所や号俸は載せなくてもいいことになり、虫食いになり始めたと思ったら、やがて載せないことが当然で載せることが特殊となり、今や、遂に本人の意思に関係なく、名前と担当教科だけしか載らなくなってしまった。当然、年賀状の宛名書きにはまったく役に立たない。聞くところによれば、隣の県などは、教職員の個人名の掲載すら止めてしまったという。

しばらく前から、私は、この「プライバシー」というものがなかなかくせ者だと思うようになっている。比較的最近の新聞の投書でも、それは「自分勝手」を正当化する手段なのではないか、というような内容のものが立て続けに二度ほど出たと記憶する。その通りだと思う。そして「プライバシー」は、憲法第13条に基づく「新しい人権」という高邁な理論にも支えられ、核家族化→個室化→携帯電話という流れの中で、煩わしい人間関係を拒否するために、その存在感を増してきた、と思われる。確かに、変な犯罪も時々起こるが、一方、助け合わなくても生きていけるほど、世の中は平和で豊かだ。

人間関係というものは煩わしい。機械は言うことを聞くが、人間は言うことを聞いてくれない。いっそのこと他人と一切関わることがなければどんなに清々するか、ということは私だってよく思う。しかし、幸か不幸か、人間は一人では絶対に生きてゆけない。だとすれば、人と関わり合いながら生きて行くための様々な技は習得しなければならず、それは人間と実際に接することを通してしか身に付かない。

私の尊敬する宮大工・小川三夫氏は著書『不揃いの木を組む』（草思社、２００１年）で次のように言う。

うちは修業中は飯も一緒、仕事も一緒、寝るのも、刃物研ぎもみんな一緒だ。極端なことを言うようだけど、子供に個室なんてつくってやるから、みんなだめになっちゃうんだな。（中略）一緒に暮らして一緒に飯を食っているから、言葉でいわんでもあいつが何を考えているかがわかるんや。そういう雰囲気、ふれあいが大事なんや。

心も、やはり一人では育たんで。集団でなければ育たない。集団というものが大切だ。それは大部屋で暮らすことや。ここにいれば、お風呂を先にもらいますというだけでも、先に使うんだからなるべく汚さないようにしようとか、ご飯だって、せっかく作ってくれたんだから残さないように食おうとか、一つひとつ相手のことを考えるようになる。

ここに表れていることについて、解説は要るまい。

ゼロか百かという選択をしてはいけないが、人は人と関わり合わずには生きていけないのだから、「プライバシー」を盾にした秘密化は抑制的でなければならないと思う。住所が分からないから年賀状も出せない。出すなら勤務先にするしかない。そこまでして年賀状を出すのも違和感がある。……それは失うことも大きいのではあるまいか。これもまた「小さな利益が目前に、大きな不利益が将来に」なのである。

個人の責任と社会の責任……ある死刑囚について（2021年2月1日）

1月12日の毎日新聞に「死刑囚生んだ過酷な虐待」という大きく、衝撃的な記事が載った。リサ・モンゴメリーという女性死刑囚（52歳）についての記事である。

それによれば、リサは2004年、妊娠8ヶ月の女性を殺害した罪で2007年に死刑が確定した。逮捕された時、リサは殺した女性のお腹を割いて取り出した胎児を、ソファに座ってあやしていたという。ここだけ見れば、「猟奇的な事件」と言っていい。

問題なのは、彼女の成育歴だ。父親は幼少期に家出して不在。アル中の母親から殴るなどの虐待を受け、初めて口にした言葉が「たたかないで。痛いよ」だったという。姉は8歳から母親の交際相手にレイプされ、3歳のリサはそれを隣で見ていた。11歳からはリサ自身が、継父からレイプと暴行をされるようになる。母親はやがて、家の修理代金等の代わりにリサを作業員たちに差し出すようになった。こうして大人になった末の殺人である。おそらく、妊婦を殺害し、胎児を取り出して抱いていたのは、自分の子を産み育てるという平凡な幸せに対する強い憧れが、異常な精神によってゆがんだ形を取ったものだろう。

これで死刑は気の毒だ。少なくとも、私は彼女を責める気にならない。まるで嫌な思いをするためだけに生まれ、生きてきたようなものではないか。何も殺さなくてもいいだろう。とりあえずは刑務所で、誰からもいじめられる心配のない生活をさせてあげればいい。

ところが、トランプ元大統領は、連邦レベルで17年間停止されてきた死刑の執行を再開し、その対象の1人として彼女を選んだのだという。何とかならないのかなぁ、と、まるで自分自身が死刑囚になったような気分でじりじりとしていたところ、そのわずか2日後に、彼女の刑が執行されたという記事が出た。連邦レベルで女性の死刑が執行されたのは67年ぶり、死刑制度の廃止を公約としているバイデン大統領の就任まで7日だったなどという話を聞くと、なおのこと、何ともやるせない思いにとらわれる。

これは、果たして私たちというのはどこまでが私たちなのか、という問題である。つまり、私という一人の人間は、親から遺伝的要素を受け継ぐと共に、様々な社会的影響を受けながら成長する。まともな大人になるかどうかという点において、本当に私自身の責任は何割あるのか？ 親はどうなのか？ 学校はどうなのか？ 隣近所の人たちはどうなのか？……こういったことを考えてくると、なかなか「悪」をその人だけの責任にすることは難しい。しかも、リサのようにほとんど生まれた瞬間から尋常でない虐待を受け続けた人であれば、なおさらである。

今の日本でも「自己責任」ということがよく言われる。「自己責任」を言う代わりに自由にさせてくれるなら、それはそれでいいような気もするが、大切な点はそんなところにはない。自己責任によって社会の不備を棚上げにしようとするのが問題なのだ。

確かに、個人の責任を問わず、問題のある人に社会が際限なく手を差し伸べれば、人々の甘えを生み、堕落へと導くことになるかも知れない。だが、全てを個人の責任にしてしまえば、人間が何から何まで不公平に出来ている以上、格差は絶望的に拡大し、下層は貧困と劣悪な生活環境とに喘ぐことになるだろう。そのバランスを取るのが難しい。

一番いいのは、各個人は「自己責任」を肝に銘じ、社会は「手厚い保護」を目指すことだ。そうすれば、人々の堕落も、過酷な競争環境も発生しない。人間は、うまくいかない原因を自分の外に求めてしまうと努力しなくなる。そういう生き物だから、みんなが自分自身に原因を求めることが大切なのだ。とは言え、それはいわゆる「きれいごと」。現実の人間はそれでうまく生活できるようには出来ていない。私にも、個人と社会の折り合いの付け方について、名案があるわけではない。

だからこそ、せめて死刑を廃止すればいい。刑務所から出さなければ危険はないし、そんな不幸な人を、生涯に渡って刑務所で生活させたって、国としてどれだけの負担になるわけでもない。アベノマスクにかかった費用だけで、少なくとも向こう百年以上は、本来死刑になるような人たちの生活をまかなえるだろう。その中で、個人と社会とのどんな関係を作っていけるか、みんなでじっくり考えればいいのだ。

新生活様式への違和感……人間関係への影響危惧（２０２０年6月26日）

２月の末に、首相が突然、３月から３ヶ月間の全国一斉休校措置を発表した。更に、感染防止のための様々な方策が提言され、それはやがて「新しい生活様式」という言葉で一括りにされて、私たちの生活を隅から隅まで制限するようになった。以下、今日の河北新報に掲載されたそのことに関する私の作文である。

「物事というのは、必ずメリットとデメリットを併せ持っている。メリットの副産物であるデメリットは、時間が経ってから現れ、しかもメリットよりもよりいっそう深刻重大なものになる場合が少なくない。経済活動による環境問題の発生などは、その分かりやすい例である。

長い時間的スケールで現れ、因果関係を検証することが難しいからといって、そんなデメリットを軽視するのは危うい。

現在、私が特に危惧するのは「３密」の回避、マスクの着用、消毒、頻繁・丁寧な手洗いなどが、「新生活様式」という言葉を得て、固定化されそうな気配であることだ。

「３密を避ける」とは、裏返せば「疎にする」ことだが、人間を「疎」にしようとすれば、集会が成り立たないのはもとより、人間関係そのものも「疎」になってしまう。

マスクの着用も、熱中症の原因になるということよりも、いっそう深刻なのは人間関係への影響だろう。顔の半分以上を隠してしまえば、顔から人柄や感情を読み取ることは難しい。電車や店の中で、ほとんど全ての人がマスクをしている光景は異様である。ネットの中の匿名世界をほうふつとさせて恐ろしい。

例えば、私が勤務する学校という場所は日々、生徒の状態を観察しながら教育活動を行うことが求められる。教員間の情報交換で、生徒について「今日は表情がいい」とか「悪い」とかよく言う。漠然とした表現だが、とても重要な情報だ。マスクはその障害になる。そもそも新入生ばかりでなく、1年以上付き合った生徒でも、目の前の生徒が誰だか分からない。

人間が、人との関わり合いなしでは生きられないとすれば、人間関係を「疎」にすることは、人間社会をゆがめ、将来的に多くの社会問題を生み出すことになるかもしれない。ただでさえも、今の世の中では人間関係を煩わしいものとして敬遠しがちで、個人情報保護がそれを加速させている。犯罪の増加や解決の難化を引き起こす可能性もある。

消毒にしても手洗いにしても、既に過度と言ってよいような現代人の清潔志向を、更に推し進めることになる。それは人間固有の抵抗力の獲得を阻害することになるだろう。

人と人とが目的と親しさに応じた距離で接し、表情を見ながらコミュニケーションを取り、きれい過ぎない環境で自然と共存していく。たとえ煩わしく、リスクがあったとしても、それが人間にとって本来の生活なのだということを、忘れてはならない。そんな生活を一刻も早く回復させる必要があるだろう。

そのためには、感染症対策に極端なまでに特化した価値観を問い直すことが必要だが、まずは「新生活様式」といういかにも進歩、発展の先にあるかのような名称を廃し、現在の措置が臨時であることをはっきりと示すことから始めてはどうか。」

……私がこの文章の元になったものを新聞社に送ったのは、5月16日である。少なくとも、当時は「新生活様式」推進一色。それに合わせなければ非国民、と言わんばかりであった（今でも同じかも知れない）。世の中が同じ方向に動き、異論などあり得ないと思われるような時こそ、立ち止まってよく考えてみることが必要だという思いもあったし、その頃、1ヶ月半あまり感染者が出ていなかった宮城県では、対策があまりにも過剰だとのいらだちもあった。

6月5日の朝日新聞に、「『新しい生活様式』動物学者はどう見る」という記事が載った。取材を受けているのは認知行動学と動物福祉の専門家だという名古屋市東山動物園の企画官・上野吉一氏である。一読して、さすがだな、もしくは当然だな、と思った。よく似たことがたくさん出てくるので、河北に出した原稿は取り下げようかと思ったほどである。

曰く「科学・医学と経済とのせめぎ合いの中で、主役のはずの人間一人ひとりの行動や心理という視点がないことに疑問を感じました」。

曰く「ヒトの表情筋はサルより発達しています。その半分がマスクで隠された状態で、目の動きからどれだけのことが読み取れるのか。感染対策とコミュニケーションの質の、両立をかなえるデザインが必要です。」などなど……。

私は以前から、人間の動物としての原点というものをよく問題にする。動物としての人間が、元々どのような生活をしていたのか、文明化するということはそこから離れるということであるが、その際、常に「離れる」ことの是非を長期的な視野に立って問い直すべきだ、という考えが、私の思索の根底にある。

しかし、東京を中心とした継続的な感染者の発生もあって、「命には代えられない」という一言の下、私や上野氏のような意見が顧みられることはないだろう。その先にどのような社会のゆがみが待っているのか、私にも想像はつかない。それでも、「ゆがみ」が待っていることだけは分かる。絶対確実に、だ。そしてそのダメージは、おそらく肺炎よりも大きい。

（補足）河北新報掲載の拙文は、学校の一斉休校が始まってからわずか2ヶ月半後に書いたものであることに、少し意味があったように思います。当時は、「コロナにかかったら必ず死ぬ」というくらいの勢いで対策が連呼され、感染者が感情的な非難を浴びるということすら起こっていた時期だったからです。それから3年後、２０２３年5月9日に、新型コロナウイルス感染症は季節性インフルエンザと同じ扱いになり、特別な対策が不要とされるようになりました。その後、子どもたちの発達のゆがみや、季節外れのインフルエンザ大流行などがたびたび問題とされます。右の文章で私が心配していたことは、決して的外れではなかったようです。犯罪の増加だけは、幸い杞憂に終わったようですが……。

コロナ禍のＱＯＬ（２０２１年４月５日）

一人暮らしをする母親の衰えがひどく、「介護」とまでは言えないが、「生活支援」のため週末毎に実家に帰るという生活をしていた。その母が、１月に転倒して鎖骨を折った。仙台市内の病院に入院し、約１ヶ月の療養を経て、一応普通に生活してよいという診断は受けたのだが、やはり多少の痛みはあるし、もともと自活ギリギリだった生活が更に不自由になるのは大変だ、ということで、母親はその後某老人介護施設にショートステイに入った。約１ヶ月半滞在し、先月の末にめでたく退所。その１ヶ月半の間に、私が施設を訪ねたのは1回だけである。「それは薄情な！」という声があるのは分かる。自分としても本意ではない。しかし、行っても会えないから行かなかったのである。

理由はもちろん、感染症予防だ。私が訪ねた1回は、「要支援」から「要介護」への認定切り替えに関する手続きのためだったのだが、この時も、直接会えたのは介護施設の担当者や新たに担当者となった介護支援専門員の方だけで、母とは事務室のタブレットの画面を通して、数分間の話ができただけであった。

こうなると母は気の毒である。介護施設と言えば聞こえはいいが、檻の中と同じだ。外界からまったく隔離された、極めて閉鎖的な空間の中で、本や身の回りの何かを新たに手に入れることも容易ではない。

私の母だけではないだろうが、施設に入っている人の多くは、平均余命との関係で考えれば、残りの人生が数年という方々だ。いつ果てるとも知れない感染症予防のための隔離が続き、場合によっては、家族や友人とも会えないままに生を終える可能性がある。彼らにとっては、残された1日、1ヶ月、1年という時間が、おそらく若者にとって以上に貴重である。その生活を感染症予防という一事のために制限することは、QOL（クオリティ・オブ・ライフ＝生活の質）にとって大きなダメージだ。病気の治療のためにQOLを犠牲にしないという考え方は、かなり浸透していると思うが、感染症予防との関係でそれをどのように確保するかは、果たして考えられているのだろうか？

もちろん、ただの病気治療と感染症対策が同じでないことは分かる。病気治療は個人の問題だが、感染症対策は個人の問題ではない。誰かが「感染のリスクより自由に人と会えた方がいい」と言ったとしても、その人が感染すれば他の人もリスクにさらされる。そこに、施設としての苦悩もあるのだろう。

それを考えると、結局、施設を完全に閉ざされたものにするしかない。だが、入所者の多くが、命のためなら誰とも会えなくてかまわない、施設の外に一歩も出られなくても仕方がない、と考えているとは思えない。だとすれば、「感染のリスクより自由」を望む人の施設と、「感染回避が最優先」という人の施設を分ければいいのだ。それが簡単でないことは想像できるのだが、実際にそれをした時、「感染回避が最優先」の施設に入ることを希望する人が、いったいどれだけいるだろう?

たとえ体が不自由で、何をするにも時間がかかるとしても、自宅に戻った母は生き生きしている。施設に入るにしても、私と同居するにしても、不自由と危険を忍んで一人自宅にいるにしても、母は自分のしたいようにすればいい。人間にとって「自由」ということ、自分の責任で生き方を選択するということがいかに重要か、権力に抑圧される香港やミャンマー以上に、私は身近な母から感じるのである。

鶏のホロコースト（2023年1月15日）

鳥インフルエンザによって殺処分された鶏の数が1000万羽を超えたという報道が為されている。あまりにも凄惨な話で驚く。ナチスが第2次世界大戦中に引き起こしたホロコーストによる死者が600万人と言われていることと比べると、そのすさまじさがよく分かる。しかも、ホロコーストが約5年をかけて行われた結果であるのに対して、鳥インフルエンザによる殺処分は、わずか半年にも満たない期間（実質的には、ほとんどこの1ヶ月）の数字である。例えば、コロナの患者が学校から一人出たら、その学校に在籍している者すべてを処刑、というようなものではないか。何とかならないものか、と思う。ワクチンは存在するらしいが、使用はされていない。1個20円の卵、100グラム100円の肉のために、いちいちワクチンを打ってはいられない、ということなのか？

鶏が感染すれば、10日以内に75％が死ぬという。その致死率はコロナの比ではない。ウイルスは渡り鳥が運んできたと考えられている。渡り鳥は何日も、あるいは何週間もかけて渡ってくるのに、なぜバタバタと死なずに、日本にたどり着くのか？　なぜ養鶏舎の鶏の方が容易に死ぬのか？　それは鳥の種類や生活密度の問題と言うよりも、常にストレスに耐えながら生き延びてきているかどうかという問題があるのではないか？　経済目的のためだけに、利用されるまでは生きることに不安のない環境で育てられた鶏は弱い、ということであろう。

また、渡り鳥は、感染したとしても群全体を殺処分というわけにはいかないから、感染が広がる中で、強い鳥が生き残り、強い鳥の子は更に強いという循環が生まれる。鶏舎の鶏を、1羽が感染したからという理由で殺処分していたら、鶏には耐性も生まれてこず、永久に発生→殺処分を繰り返すことになる。75％が死んだとしても、25％は生き残るのである。25％が産んだ子は、感染しても致死率が下がるのではないか？　素人が憶測でものを言って申し訳ないが、例によって人間は自然に反し、ずいぶんひどいことをしているような気がする。

そんなことを考えていた時、ある人から薦められて、近藤祉秋・吉田真理子『食う、食われる、食いあう』（青土社、2021年）という本を読んだ。「マルチスピーシーズ民族誌の思考」という副題が付いている。その中に、タスマニアの牡蠣養殖場にOsHV1-μ Varという極めて毒性の強いウイルスが出現した時の話が出てくる。感染した時の致死率は、最大95％に及ぶというからすさまじい。

当然のこと、生産者は原因解明と対策に取り組む。その中に「自然環境下で生き残った牡蠣は、OsHV1-μVarに対する耐性をもつ選抜育種として移植され、繁殖用種苗に用いられる」というものがある。私はこれを目にした時、「やっぱりそうだよなぁ」と思わず口にした。右で書いた鳥インフルエンザに関する殺処分と深く関係するからである。

鳥インフルエンザの致死率はしょせん75％だ。生き残る25％の個体がどれかを見極め、その性質をどのようにして保存し、その遺伝的要素をいかにしてより多くの鶏に受け継がせていくのか。やはり、考えるべきはそこだろう。マルチスピーシーズ民族誌的な立場に立つ研究者は、鳥インフルエンザ対策をどう見るのだろう？　そんなことが気になった。

第6章　学校と学びをめぐって

国力の低下（2022年10月22日）

円安が止まらない。毎日1円くらいずつ値を下げる。アメリカとの金利の差が主要因とされていたが、ドルに対する円の価値の低下が、他のどの国の通貨と比べても際立っているらしく、原因は金利だけではない、国力そのものの低下なのだ、ということをほとんど毎日、新聞記事で目にするようになった。

今日の河北新報にも、「円凋落、国力低下を反映」「東日本大震災後　価値半分」「緩和頼み　投資呼び込めず」という見出しの4分の1面に及ぶ記事が出た。円が他の国の通貨と比べていかにドルに対する価値を下げているか、今年上半期の貿易赤字が11兆円に及ぶことなどをもとに、円、株、債権のトリプル安が起きることを危惧したものだ。もっとも、こんな記事を待つまでもなく、ネットの世界も含めて、いろいろな人が原因分析や予想をしている。それらのほとんどは悲観的なものだ。

国力とは何か、国力が通貨価値にどのようなプロセスで影響するのか、といったことについて私は無知なのだが、何しろ通貨価値が上がるか下がるかという問題である。「国力」なるものが無縁であるわけはない。

この場合の国力とは、基本的に稼ぐ力だろう。日本の工業製品が、他国産に比べて優位でないとは、最近よく言われる。30~40年前に強かった白物家電がぱっとしない。燃料と食糧の多くを海外依存していることは、常に日本のアキレス腱だ。加えて、世界的な半導体不足等によって、生産そのものがままならない。学術も振るわない。大学の世界ランキングで、200位以内に入ったのが東大と京大だけ。しかも、それぞれ順位を落とした。論文の引用数でも何でも、最近景気のいい話を聞いたことがない。それらが、新商品開発や生産の質・量に直結する。

なんで日本はこうなってしまったのだ? などとは思わない。さもありなん、と思うばかりである。原因についての心当たりはいくらでもある。むしろ、今に至るまで問題が深刻化しなかったのが不思議なくらいだ。

学術についてよく言われるのは、短いスパンで成果を出すことばかりが求められる、ということである。知的好奇心や探究心に基づく基礎研究は冷遇され、「役に立つ」ことが見えている研究にばかり予算が付き、学問の裾野が広がらない。外形的な業績が求められるため、学問が実質を失ってパフォーマンス的になってゆく。研究費獲得に関する事務処理の煩雑さも、研究の障害になるとよく言われる。

私が高校という場にいて思うのは、親、更には大人全体の問題だ。毎朝、校門には送迎の車列ができる。少し雨が降ったら、風が吹いたら、寒ければ、暑ければ、送迎の車が増えて車列が延びる。親は子供が幼い時から、ゲーム機を与え、スマホを与える。子供が喜ぶことをすることが、子供を大切にすることだと誤解しているようだ。

学校はどこでも「配慮」のオンパレードだ。生徒の様々な事情に、いちいち配慮する。いや「迎合」と言った方が正しいと感じる場面が多い。高校は「より高度な勉強がしたいからあえて入る」はずの場所なのに、欠席にも不勉強にも非常に寛容。「みんなと一緒」こそが大切な価値観で、学校は勉学の場と言うより生活の場だ。目的集団が目的集団として機能していない。生徒があくせくしなくても、教員が手を差し伸べては世話を焼く。

つまりは、苦労して価値あるものを身に付けるよりは、大人の力で子どもが快適で楽しい思いができるように仕向ける。

こうして育てられれば他力本願、上手くいかないことがあれば、誰かが何とかしてくれるのをぼんやりと待つだけ、ということになるだろう。会社に入って上司からちょっと厳しく指導された時には、「パワハラだ！」と大騒ぎすることにもなるだろう。こんなことをしていて、生産活動だけは上手くいく、などということがあるわけがない。

とにかく、何もかもが近視眼的で、目先の利益を確保し、トラブルを避けることだけが価値観になっているようだ。国力の低下は、その集大成とも言うべき現象である。

外国がどうであるかは知らない。だが、外面的で見えやすい学術や教育政策など見ていると、日本よりはよほど賢い国が多い。おそらく、家庭や学校もある程度は連動しているのではないか？

近視眼的な行動の積み重ねによって今の事態があるのに、おそらく、人は近視眼的な行動で現状を打開しようとするに違いない（何でもかんでも補助金、というのはその例）。もちろん、それは更に深刻な事態を招くはずである。

あっぱれ、シンガポールの教育（２０２０年3月25日）

ちょっと2月29日の朝日新聞記事に触れておこう。「多事奏論」というコーナーで、書いているのは編集委員の山脇岳志氏。見出しは「シンガポールの教育　国立大『未来のため』脱皮」というものだ。

山脇氏も「日本以上の『受験戦争』との見方もあるシンガポール」と書くとおり、資源も土地もない都市国家が世界の勝ち馬になるために、ひたすら子どもにプレッシャーをかける、というのが私のシンガポール観だ。ところが、この記事を読むと、決してそれだけの国ではないらしい。

シンガポール国立大学元学長へのインタビューを基に山脇氏が書き留めていることで、私が共感や羨望を持って読んだのは、次のようなことである。（多少文言を整理）

・大学ランキングを気にしていないと言えばウソになるが、それに基づいて思考し、戦略を立てることはない。ランキングを上げようと思うと、大学は似通ってしまう。各大学が、それぞれの目的やどんな価値を学生に提供できるか考えることこそ重要だ。
・1年次の成績を、就職などの際に採用側が見る成績評価に繰り入れないことで、学生が不得意な科目を履修するように奨励している。将来それが役に立つこともあり得るからだ。
・卒業生は、大学入学から20年間は大学に戻ることができ、新たなスキルを学べるようにしている。

これらが偉いのは、目の前の利益に振り回されず、長い時間的視野に立って考えているという点だ。特に私が偉いと思ったのは、2番目の点だ。「将来役立つこともある」というのは、裏返せば「将来役立たない可能性もある」ということだ。だが、このようなロスを覚悟した上でなければ、本当に価値あるものは得られないだろう。学生に迎合する姿勢が感じられないこと、つまりは大学側の主体性が明確である点も素晴らしい。単に、それらの原則に基づいてカリキュラムが組まれ、制度が作られるというだけでなく、大学、もしくは国家が、教育に対してそのような姿勢で臨んでいること自体が、学生を刺激し、利益最優先の生き方から脱して、生涯伸び続ける重要な契機となるだろう。

元学長氏は「教育とは未来のためにある」と語る。あまりにも当たり前のことだ。しかし、当たり前を当たり前に実行することは、いかなる場面においても難しい。それは「未来」をいつと設定するか、という問題でもある。「未来」は4年後（＝卒業時）ではダメなのだ。

もちろん、私がシンガポール国立大学の取り組みに感心するのは、その正反対の姿として日本を思い浮かべてしまうからである。両国の違いは、時間が経てば経つほど大きくなるだろう。

シンガポールは、資源も土地もない上、国民1人当たりで日本の1・5倍近い石油を燃やす「文明」国家である。産業構造からしても、私が最も否定的に見る国の一つなのだが、それでも、今回の記事にある国立大学の教育理念などを見ていると、日本よりは明るい将来があるように思える。確かに「教育は未来のためにある」のだ。

かえって危険な熱中症対策（2021年7月20日）

日曜日に梅雨明けした宮城県は、その後すっかり夏らしくなり、気温も上がった。いつ明けたのか分からないような梅雨よりもメリハリがあっていいなあ、やはり夏は夏らしくなければ……などと思っているのだが、なんだか困ったことが起こってきた。「困った」と言うより、「憂慮すべき」と言った方が正しいかも知れない。

最近「WBGT」という数値をよく耳にする。気温、湿度、日射などから総合的に算出される指数で、熱中症にかかる危険性をよく表すのだそうである。目安として、気温35℃以上が「危険」、31～25℃が「厳重警戒」、28～31℃が「警戒」となる。WBGTは気温だけで決まるわけではないので、あくまでも目安に過ぎない。外であれば、日射が重要な要素になって、ずっと低い気温でもWBGT

は高くなるし、体育館であれば、風の無さ、湿度などによって、同様に気温が低くても高くなる。

この数値を基準にして、部活動を制限するようになってきた。例えば、「危険」となった場合は、医師・看護師など一次救命措置が実施できる人が付いていない限り運動は禁止となる。「厳重警戒」でも激しい運動は禁止。私が勤務する学校でも、一昨日はこれが適用され、運動部活動を打ち切りにした。アメダスデータは32℃くらいでも、WBGTは容易に35前後となる。

これはひ弱すぎないか？　誰もが体調を崩さないライン以下でしか活動してはならないということにしてしまうと、人間の限界点はどんどん低下する。最近は宮城県の学校でも、職員室と教室にエアコンが標準装備化されている。設置したらおしまい。「せっかくあるんだから」と言って、ほとんど無制限に使用される。

これから自然環境はどんどん厳しさを増す。少しでもそれに順応できるようにしなければ、人間は生き延びられない。にもかかわらず、現在行われているのはそれとは真逆のことだ。

エベレストに登る場合、できる限り高度順化をし、酸素ボンベを使うのは少なくとも7000mを超えてからにする。多くのボンベを運び上げるのが大変だというだけではない。高度順化していなければ、不慮の事故によってボンベが不調になったり酸素切れが起こったりした時、すぐに意識を失い、死んでしまうからだ。現在、暑さ対策として行われていることは、苦しいからと言って、酸素ボンベを使用する高度をどんどん下げているのと同じである。

気温だけではない。何から何まで、文明の力によって過剰に人間を守り、ますます耐えられない弱い人間を作り出す。その行き着く先に何が待っているか。私はとても不安なのだが、周囲を見ていても「迷い」や「疑い」は一切感じられない。

人は誰のために学ぶべきか……司法修習生の手当問題（２０１０年９月13日）

今日の新聞に、与党・民主党が司法修習生への手当支給を継続する方針を確認した、という記事があった。国としての最終決定ではないので、まだまだ安心は出来ないが、私は本当によかった、と思う。この件に関しては、私は結構早い時期から関心があった。

と言うのも、そもそも、司法修習が法曹になることが既に決まっている人の研修であり、義務であるなら、会社の職員研修と何ら変わるところがない。会社で、研修期間は給料を出しませんよ、などということは違法である。なぜ司法修習では許されるのか？

更に大切なのは、司法修習生が1年の間、貯蓄や貸与される奨学金でしのぐことを強いられれば、その法律家が弁護士になった場合、元を取ろうとするに違いない、ということだ。そうすれば、「法による弱者の救済」という法律家の理念は怪しくなるのである。多忙を極めている上、やり手の弁護士に比べれば収入が少ない裁判官や検察官任官希望者が、更に減る可能性もあるだろう。

いろいろな場面で、よく「受益者負担」という言葉を耳にする。しかし、「受益者」とは誰だろうか？あるいは、誰であるべきだろうか？　法曹について言えば、それは、その弁護士自身よりもむしろ、弁護士によって不利益を救済される人であろう。大学法学部の学生にも、法科大学院の学生にも、そして司法修習生にも、もっともっと投資をしてよい。ただし、彼らに、世の中の人々がお金を出し合って、あなた達の勉学を支援しているのだ、ということははっきりと意識させる必要がある。そして、彼らが法律家になった暁には、その恩を、社会正義の実現という形で返すように教え込むのである。もちろんこのことは、大学の他の学部でも、高校でも、中学校でも、小学校でも、基本的には全く同じだ。私も一人の高校教師として、その必要性と難しさを常に意識している。

震災の教訓継承（2017年4月5日）

今日の河北新報に私の作文が載った。紹介しておく。

「東日本大震災から6年余りがたった。今でも震災関係の報道に接しない日はない。中でも「記憶を風化させない」「教訓を伝えよう」という論調は多い。私はその論調に違和感を覚える。震災の教訓とは「津波は怖い。少しでも早くより高いところに逃げろ」といったことだろうか？違うと思う。本当に大切な教訓は「私たちは過去の津波からなぜ教訓を受け継げなかったのか」ということだ。

昔の人々も教訓の継承に努めようとした。三陸各地には数多くの石碑や伝承が残る。震災後、改めて注目を集めた吉村昭『三陸海岸大津波』は、初版が１９７０年に出た。ＮＨＫが「三陸大津波　忘れられた教訓」という特集番組を放映したのが81年。「津波てんでんこ」を広めた故山下文男氏が『哀史三陸大津波』を出版したのは82年。山下氏は岩手県の海岸に津波博物館を建設するよう訴えて奔走しつつ、95年には『写真と絵で見る　明治三陸大津波』も出版した。だが、山下氏の努力は「残念ながら結局は私のひとりよがりに終わってしまった」（『哀史三陸大津波』再版序）。

この間、84年には宮城県唐桑町（現気仙沼市）に津波体験館がオープン。２００６年には気仙沼市のリアス・アーク美術館が「描かれた惨状―風俗画報に見る三陸大海嘯の実態―」展を開き、明治三陸大津波の死者数と同じ２万７１２２の紙人形を展示して、人々に津波の恐ろしさと備えを訴えた。探せばまだまだ見つかるだろう。

しかし、それらの情報に接し、わがこととして受け止め、備えをした人は少なかった。人は、絶えず歴史に学ぶという問題意識を持っていなければ、何を見、何を聞いても、そこにどのような情報があるかに気付くことはできない。その結果が、東日本大震災における１万８４４６人の死者・行方不明者だ。

自分が体験したことを人に語る作業は、実に簡単である。例えは悪いが、子どもが外で珍しいものを見て、家に帰ってから親に話したがるのと同じことだ。しかし、過去の出来事を調べ、そこから教訓を引き出すこと、すなわち歴史を学ぶことは難しい。謙虚な心と、忍耐とが必要だからである。

東日本大震災は、歴史を学ぶことの大切さに気付く最大のチャンスだった。被災した私たちがそれに気付けなければ、他の人にとっては更に難しいはずだ。津波だと言えば、津波のことしか考えられないのも困る。過去には、他にも非常に多くの学ぶべき教訓がある。

教訓を伝える方法ではなく、なぜ教訓を受け継げなかったのかを、社会全体でもっともっと真剣に考えたい。先人の言葉に謙虚に耳を傾けずに、自分たちの言葉だけを人に聞いてもらおうとするのはやめよう。そして、津波の教訓を受け継げずに被害に遭ったという激しい後悔こそを教訓として語るべきである。私たちが歴史から学ぶことについての高い意識を獲得し、その裏付けを伴って自分たちの体験を語る時、初めて教訓の継承は可能になるのではないだろうか。」

……『論語』に、「これをいかんせんこれをいかんせんと言わざる者は、吾これをいかんともすることなきのみ（どうしたらいいだろうと自ら悩んでいない人を、私は指導できない）」という言葉がある。学ぶという作業の効率や効果が、教える側よりも学ぶ側の意識にかかっていることは、少なくとも何かを真剣に学ぼうとしたことがある人間には、あまりにも自明のことである。そのような原点を、私は常に、あらゆる事象に即して確認していたいのだ。

小さな「最終講義」（2019年3月5日）

卒業式の後はHRである。勤務先の卒業式は、クラス代表だけが式場で証書を受け取るので、生徒一人ひとりは教室で担任から受け取ることになる。その儀式が終わると、担任と副担任が、最後の「お言葉」を述べる。まずは担任T先生が、学級通信を配ってお話をした。その後は副担の私だ。次のようなことを話した。

「卒業おめでとう。実は私も、先ほどT先生が配ったようなプリントを用意しようかな、と、昨日さんざん考えたんですよ。だけど、止めました。担任よりもすてきなプリントが出来て、目立っちゃうような気がしたからです（笑）。

皆さんに対して言わなきゃダメなことは、授業で全て言ってきたつもりなので、今更話をすることはありません。だけど、たぶん、授業でやったことを憶えている人もほとんどいないだろうから（笑）、ほんの少しだけ復習をしておこうと思います。

私は授業のオリエンテーションで、勉強は世界を広げるためにするのだ、と言いました。絶対に、試験で点数を取るためではありません。世界を広げるというのは、塩釜から宮城、日本、世界というような横の広がりだけではなく、過去の歴史を学び、数十年後、数百年後を考えるという縦、時間の広がりについてもです。なぜそれが必要かと言うと、それができなければ、人間は今の自分の利益になるかどうかだけを基準に判断することになり、そうすればよその国や後の時代をめちゃくちゃにすることになってしまうからです。

世の中には、今の利益と将来の利益は矛盾する、という困った法則があります。例えば、今いい暮らしをするだけなら、借金をするのはいいことです。だけど、それをすれば、やがて返済に苦しむことになります。利子が付くので、返す金額は借りた以上の金額になるから大変です。また、石油を燃やせば便利で快適な暮らしが出来ます。だけど、それをしてきた結果として、人類は温暖化という大きな問題にぶつかっています。そういうものなんです。

卒業式ということで、多くの大人達は、皆さんの目の前に素晴らしい未来が広がっているかのようなことを言うでしょう？　私はぜんぜんそうは思いません（笑）。皆さんが生きていくこれからの時代は、大変な時代になります。日本や世界の政治情勢を見ていても、温暖化をはじめとする自然環境の問題を見ていても、以前は、私が生きている間くらい平和な時間が続くかな、と思っていたけど、今では、私自身が相当厳しい状況を目撃することになりそうだ、と思うようになっています。

今、目の前の利益ばかり考えて生きていると大変な問題が起きる。大変な問題が起きた時に、それを乗り越えるための方法は、目の前の問題を解決させる考え方をするのではなく、時間を超えて通用するような考え方をすることです。そのためにも、広い世界が見えていなければならないんです。それが勉強するっていうことです。

私は授業その他、学校生活の全ての場面で、おそらくは他の先生方とは違う物の見方や考え方を伝えてきました。私が皆さんに言ってきたことの本当の意味というのは、向こう数年間では分からないだろうねぇ。10年後なのか、30年後なのか、50年後なのか、いや皆さんが死ぬ時なのか、それくらい先になって、あぁ、やっぱり平居の言っていたことは正しかった、と思ってもらえるのではないか、と思っています。ぜひ、あの変な人が（笑）言っていたことが何なのか、それを考え続けて欲しいと思います。元気で頑張って下さい。」

みんないい顔をして卒業していった。よかった、よかった。

学ぶことの基本姿勢……予備校研修の感想（２００６年８月23日）

８月８～９日、東京の某予備校で、某人気講師の教員向け講座「古典」に出席した。諸君もよく知るとおり、私は、日頃から受験勉強について「そんなこと学校でギャーギャー言うようなことではないから、勝手にやれよ」式の冷たい言動が多い。ところが、「饅頭こわい」ではないけれど、私は予備校（特に東京の本校）へ行くのが大好きなのである。なぜなら、私達教員が予備校へ行った時、講師として私達の目の前に現れるのは、たいていの場合、その予備校のトップ講師だからである。ゴマンといる講師の頂点にいる人というのは、決して安っぽい受験テクニックやパフォーマンスを目指したりはしない。受験業界といえども、一流はやはり一流だと感心させられるだけの見識を持ち、その言動は学問の本質に忠実なのである。

さて、授業そのものについては、何も特別なことが行われていなかったように思う。一方、講師の授業姿勢というか、基本方針のような部分では共感できることが多く、期待通りに面白かった。参考までに、そこで語られたことを列記しておこう。（　）は私のコメントである。

①私は古典からどれだけの恩恵を受けたかということを常に意識し、モチベーションの源にしている。（非常に正当な学習態度だ。入試であろうがなかろうが、古典を読む以上、原点はここ以外にはない。）

②受験の世界でしか通用しないようなやり方はあってはならない。（私もよく諸君にいうが、諸君が目指すべきは20年後、30年後の理想である。いかに手段とはいえ、目先の利益を考えすぎると、応用が利かず、人間が小さくなって結局は大きな不利益になる。）

③入試傾向は、少なくとも「古典」については問題にする必要がない。（現代文もでは？）

④センター試験でしか「古典」が必要ない生徒にも、記述問題をやらせるべきだ。（急がば回れである。②とも大いに関係する。）

⑤「こうすればできる」というマニュアル、伝家の宝刀を求めて来る受験生に対して、そんなものが幻想に過ぎないことを分からせるのも教師の仕事だ。（当たり前のことなのだが、これを正直に言うのは勇気がいる。自分をエライ教師に見せようとする安っぽい人には出来ないことだ。）

⑥予備校では、一人の生徒に対して、一人の講師が年間に24時間しか授業を持たない。この枠で全てを教えることは出来ないので、授業の役割の多くは自力で勉強していくための動機付けだ。（そもそも勉強の基本は自学である。24時間しか授業がないことで、生徒も先生もそのことを自覚し続けられるのはいい。高校は、授業を増やそうとする傾向が強いが、本当にそれがいいのかどうかは反

省が必要だ。）

なお、模擬授業では、たびたび東京大学の入試問題が話題となった。ハードルとしてどのようなものを設定しようとも、必ず受験生が集まることの分かっている東大という所は、決して受験生に迎合することなく、理念を持ち、手間を惜しまず入試を行っている真の一流大学だということに感銘を受けた。特に、東大の「知識そのものではなく、それを応用する知恵を求める」「自分の思い込みを排除して、物事を素直に、ストレートに見ることが出来る人を求める」という姿勢は正しい、と思った。結局のところ、基本を大切に、急がば回れ、ということなのだ。

（仙台一高59回生「学級通信」）

試験の功罪（２００７年６月10日）

元気で勉学に励んでいることと思う。私も元気だ。新学期が始まって１ヶ月経ち、ようやく足が無意識のうちに４階へ向くということがなくなってきたが、新入生に対してカルチャーショックを感じること甚だしい。大人しく受け身の１年生を前にして、私から雑談を引き出そうと手ぐすね引いていた諸君のことを、しばしば懐かしく思い出す。

さて、浪人している諸君に「激励」の言葉を書け、とのことであるが、既に諸君の知る通り、私は根っからの天の邪鬼である。「激励」なぞは他の人がしてくれるだろうから、今回もあえて、他の路線で行く。

「選抜試験」というものは必要あって生まれたとはいえ、それが何かしらの弊害をもたらすことは、古来多くの人に指摘されてきた。学問の本質が競争にはなく、選抜試験の本質が競争にある以上、当然と言える。究極の選抜試験「科挙」についてでなくとも、「試験」の弊害についての発言を探すのは難しくない。

今春の卒業式の日、3年6組の諸君に、私は餞として、哲学者・三木清の「学生の知能低下について」（1937年）という一文を贈った。三木はその中で、功利主義と理想主義を対置させ、功利主義を代表するものとして入試や就職試験を挙げる。そして人は社会的関心に基づき、好奇心、懐疑心、理想主義的情熱によって学ぶ時、その知能を大いに向上させる一方、功利主義的発想に基づいて学べば、知識は増えても、知能はむしろ低下すると指摘する。そして「功利主義者ミルでさえ、幸福な豚となるよりも不幸なソクラテスとなることに真の幸福を見出した」と語り、若者が功利主義から脱却することを求めると共に、若者にそれを強いるかのごとき社会の変革を訴えるのである。

また、詩人として有名な高村光太郎は、「もし私に子供があったら何にするか」という某雑誌のアンケート（1923年）に対し、（彼には子供がなかったから）当惑を示した上で、「試験制度万能の世の中に子供を出したくない」と答えている。根拠として、高村は「試験制度をくぐって来た人間の頭には、どうしても取り去れない或るたががかかってい」ると述べる。そして、おおらかで開放的な、人間らしい人間になるために絶対の条件が、試験を無視し、試験をくぐり抜けることなく成長することだ、と明瞭に言い切るのである。

二人に共通するのは、「試験」（特に選抜試験）というものが非常に強い利害打算の源になっているということ、それを大切に考えすぎると目先の結果ばかりにこだわる小さな人間になってしまうということだろうと思う。

とはいえ、私でさえも浪人諸君に「受験なんかやめてしまえ」とはまさか言えない。しかし、彼らが指摘するような試験の弊害は決して事実無根なものではないとも思う。どんな事でも、たとえ一時的にでも唯一絶対の価値観を持ってしまうことは危険である。よって、入試を相対化すること、すなわち、入試は一人の人間のほんの一部分の能力だけを計るものであり、今諸君が持っている（はずの）人類の幸福と平和に貢献するような大きな理想の実現のために越えざるを得ない一つの小さなハードルに過ぎないということを、常に心の片隅に持っている必要があるのではないか？　少なくとも私は、諸君が来春、東大に合格したとしても、決してそれだけでは喜ばない。また、諸君が有為なればこそ、その程度の志で満足して欲しくないとも思う。

（仙台一高59回生「卒業生便り」）

君が代強制問題、その後（２０１３年3月14日）

私は１９８９年に宮城県の県立高校の教員になった。若い教員は、今や歴史的事実としてすら知らないだろうが、当時は、卒業式・入学式の会場に日の丸を掲揚することと、式次第に君が代の斉唱を入れることについて、管理職と平教員が熾烈な戦いをしていた。教員側にも本当は温度差があって、日の丸・君が代を式に持ち込むことに抵抗のない人もいただろうが、大体において管理職対平教員という図式は成り立っていた。この場合、管理職というのは、国家権力と言い換えてもよい。

政府の言い分によれば、国際化する社会において、国旗・国歌を尊重する態度を養うことは大切で、そのために、学校で最も重要な行事である入学式、卒業式への国旗・国歌の持ち込みが不可欠なのだという。一方、教員側は、国旗・国歌を尊重する態度を理解させるための教育方法はいろいろあるはずなのに、なぜ式に持ち込むことだけを求めるのか？　それは現場教職員がお上に服従できるかどうかの踏み絵でしかないのではないか？　と主張していた。

また、日本の特殊事情として、日の丸・君が代が明治憲法下の国家イデオロギーを象徴するものとして第2次世界大戦中に使用されたことから、それらを「国旗・国歌」として受け入れがたいという感情も尾を引いていた。それらの人々が強制に反対し、「日の丸・君が代は国旗でも国歌でもない」と主張するため、政府は1999年8月に「国旗及び国歌に関する法律」を制定し、日の丸・君が代を国旗・国歌であると明文化した。何が何でも式にそれらを持ち込むのだという執念である。

幸か不幸か、私は宮城県でも最後の最後まで式場に日の丸・君が代を持ち込ませないと頑張っていた学校と縁が深かった。卒業式や入学式が近づくと、連日のように開かれる職員会議では、延々と日の丸・君が代についての押し問答が続いた。断じて「議論」ではない。ただの「押し問答」である。

私は完全な戦後世代で、戦争との関係で日の丸・君が代に対するアレルギーは持ち合わせていない。

しかし、職員会議での押し問答を見ながら、これは先輩教員が言うとおり、権力がどれだけ現場に対する支配力を強められるかの分岐点なのだ、ということはよく分かり、政治権力に対して強い反感を覚えた。ノンポリだった私が、多少なりとも政治に関心を持つようになったのはこの出来事によっている。

ちょうど世紀の変わり目に、当時私が勤務していた高校を含む県内でたった2校だったか残っていた学校で、日の丸・君が代の式場への持ち込みが強行され、宮城県における日の丸・君が代闘争は終止符を打った。予想通り、その後、教員は考えることをピタリと止めた。そして、「ホウレンソウ（報告・連絡・相談）」、「コンプライアンス」といった言葉にも踊らされながら、県教委や校長の意向を伺い、考えるのはせいぜいその具体化についてだけになっていった。教師自身が上意を問い直せないというのは、民主主義教育を進める上で致命的なことだと思う。

それから10年以上経ったが、全国に視野を転じてみれば、この問題はまだくすぶり続けている。大切な問題なので、この1ヶ月ほどの出来事にコメントしておこう。

2月20日報道：2月15日の早稲田大学法学部の入試で、「卒業式や入学式で君が代を斉唱するときに、教員に対して起立することを命じ、起立していない教員を処分するという措置の合憲性が争われている」という東京都の例に触れ、「教育には強制はふさわしくないのではなかろうか」とする問題文が用いられた。東京都教育委員会は、この入試の後、一部の進学校校長にその試験を受けた生徒数調査を依頼した。都教委は「対応が必要かどうか検討する」と言っている。
私のコメント：こうなると、「君が代」の強制に疑問を持つことは、戦前の「危険思想」そのものである。触れるだけでも危ない。しかも今回は、生徒が入試問題でそういう内容の文章を読んだ、というだけなのである。この記事を読んで恐ろしいと思わない人は、そもそも「自由」とか「民主主義」について語る資格がないとさえ思う。都教委が検討する「対応」とは一体何だろうか？

3月10日報道：大阪府では、学校行事での国歌の起立斉唱を義務づける「君が代起立条例」に基づく職務命令に違反した17名に、戒告処分を行った。府教委は処分理由を、「上司の職務命令に従う義務に違反し、公立学校教員の職の信用を著しく失墜させた」と説明している。
私のコメント：府教委の説明が気に入った。なぜなら、昔、政府が言っていた、「国旗国歌を尊重する態度の涵養」などというもっともらしい大義名分を振りかざすのではなく、「無条件に命令に服するかどうかを試す」という問題の本質に関わる正直な説明をしているからである。確かに、日の丸・君が代は、いかなる命令にでも従えるかどうかの踏み絵なのである。命令に従えない教員がいると、府民から見た場合、「公立学校の教員として信用できない」、更には、一般に「先生は信用できない」ということになるのかどうか……。私にはまったく理解できない感覚だが、やっぱり「府民」はそう思っているのだろうね？　なにしろ「著しく失墜」したとされる「信用」とは、府民の側の意識だから……。

3月13日報道：大阪府立和泉高校の卒業式で、教職員が本当に国歌を歌っているかどうか、校長が口の動きで確認していた。口が動いていなかった教員のうち1人は、歌わなかったことを認めたため、府教委は処分を検討している。これについて、「国歌起立条例」の提案者である大阪市長は、「服務規律を徹底するマネジメントの一例」と絶賛している。

私のコメント：東京都でも似たような話があったと記憶する。異常な執念だと恐れ入るが、こうして服務規律を徹底すればいい仕事が出来ると考えているなら、あまりにも「人間」や「教育」を知らない、と言うべきだろう。私には、「服務規律に従う」ことが、職責を十分に果たすためという目的を離れて、自己目的化しているように見える。

　大阪で勢力を急拡大させている会の名前は、言うまでもなく「維新の会」である。思えば、日本の近現代史において、明治維新から敗戦までは一本のスジで結ばれている。明治維新の「富国強兵」政策の帰結が敗戦なのである。「維新の会」という名称が、果たしてこのことと無縁であるのかどうか……。敗戦の前には、中間段階として、維新政策の「功」の面が表面化し、日本人が得意になっていた時期があったことも思い浮かぶ。

仕事を増やす制度変更（2020年8月5日）

2022年度から、高等学校でも新しい学習指導要領が効力を持つようになる。今回の特に大きな変化は、成績の出し方ががらりと変わることだ。あまりにも変更が大きく、しかも作業が繁雑・膨大になることが予想されるので、私の身の回りでは「あぁ、もう教師は続けられないなぁ」とぼやいている人が何人もいるくらいだ。「教員の働き方改革」って、どこの話なんだろう？

さて、もはや2週間ほど前の話。勤務先の学校では、わざわざ短縮授業にして時間を確保し、外部から講師を招いて校内研修会というものを実施した。お題は「新しい学習評価について」。

新しい学習評価とは、観点別評価と言われるものである。単に考査点と平常点を足して「○点」というのではなく、「知識及び技能」「思考力、判断力、表現力」「主体的に学習に取り組む態度」のそれぞれについて善し悪しをＡＢＣの3段階で評価し、それらに基づいて五段階の評点を付けるというものである。既に小中学校の通信票はそのようになっている。

聞いていて、「なるほどなぁ、そうすれば確かに生徒は学習に意欲的に取り組むようになるだろうなぁ」と、心明るくなってくる要素など何もない。ただただ面倒。私が今授業で受け持っている生徒の数＝240人ということを考えると、なおさらである。そもそも、考査問題を「知識技能」の問題と「思考判断」の問題に分けろというあたりで無理があるし、分ける意味も分からない。知識と思考は表裏一体だ。或いは、240人全員の一人ひとりについて、授業をしながらそれら3観点の評価ができそうな気がしないのは、私の能力の低さ故なのであろうか……？

思えば、野球は試合で取った点数だけで勝負が決まる。そこには、日頃の取り組みの全てが表れるからそれでいいのである。各チームは、最終的に試合で点数が取れるように、日常の活動方法をあれこれと工夫するだろう。一方、今回の観点別評価は、それでは不十分だから、日頃から計画的に練習しているかとか、メンバー同士のコミュニケーションが取れているかとか、道具やグランドの整備をきちんとしているかとかいった要素を点数化し、試合の点数に加えて勝負を決めようと言っているようなものである。審査項目や基準を設定する側の顔色をうかがい、自ずから意識は受動的となる。

一昨日、日本学術会議が「高校国語教育の改善に向けて」という提言をまとめたという記事が朝日に載った。この記事を読んで、そう言えばこれまた学習指導要領の改訂で、「文学」と「論理」を対立する概念であるかのように扱い、「文学国語」と「論理国語」という科目を設定するなど、国語という教科が大きく様変わりすることについて、昨夏くらいから様々な意見が飛び交っているのを思い出した。飛び交っている識者の「意見」のほとんど（全て？）が極めて否定的なものだ。

こんなことを思い出しながらなんとなく嫌な気分になったところで、ふと思い浮かんだ疑問がある。どうして学習指導要領は10年毎というペースで改訂され、そのたびにたくさんの大変更が行われるのだろう？　ということだ。

学校でシステムを変更するのは、電灯のスイッチを入れるような簡単な作業ではない。変更を周知させるための研修会、会議、文書、変更後に新しいやり方を遵守しているかをチェックするための様々な手続きといったものが必要になる。変更自体が学年進行で3年かかるという問題もあって、それらは数年がかりの作業となる。それが、ひとつ終わったと思ったら、もう次の準備が始まるというペースで延々と繰り返されているのである。教育行政や学校がそのために費やしている時間と労力は膨大だ。しかも、制度変更は学習指導要領によるものだけではない。

日本の教員が、他国の教員に比べて著しく多忙だというのは、よく言われることである。その理由として、文書処理や部活動が問題にされることが多いのだけれど、実は制度変更に伴う諸作業こそがその根っこにあるのではあるまいか？　学習指導要領の改訂は、教員に永久に余裕を与えないための嫌がらせ的なシステムであると感じる。

日々様々な問題を感じつつ学校にいる人間として、学習指導要領が改訂されることによって、それらの問題が多少なりとも解決される可能性を感じることは皆無である。そもそも、全国一律のシステムを作り、上意下達で管理監督するという発想が間違い。戦後教育の理念にも反するし、命令からいいものは生まれて来ず、教員の豊かな発想や工夫の芽を摘むことにしかならない。どこかの国のように、学習指導要領のような国の指針は、日々悩む現場の教員にアイデアを提供する、それを使うかどうかは現場の判断、というものであるべきだ。

また、高校以下の学校で教えることは、いかなる時代でも変わることのない基本的な知識や考え方である。時代の変化を理由として後から後から策を弄することは、現場の抱える問題が制度のためであるかのように誤解させ、むしろ大切な基本を見失わせる方向にしか進まない。大切なのは基本的なやり方の徹底であり、教員個々の学識と指導力だろう。

では、なぜ政府が大改訂を繰り返すのかと言えば、学校が多くの問題を抱える中で、管理者として無為無策と批判されるのを恐れ、頑張っていることを外形的にアピールする必要があるからだろう。本来どうあるべきかという原点を確かめ、現状がそれとどうずれているのかを考え、それが制度によって生じている場合に限ってこうしましょうと変えるのではない。まず「変える」ことにこそ意味がある。当然、その変更はコマーシャル的なインパクトを探し求める。時代を超えて価値を持ち続けるような教育とは、まったく相反する世界である。こうして学校は徒労感の大きな多忙から逃れられず、大切なことほどなおざりにされ、状況はますます悪くなって行く。

優等生の心理……多忙解消のために（２０１８年6月24日）

昨日は、校外のある会議に出て、教員の多忙ということについて、以下のような発言をした。

「職場の多忙化について、憎まれ口を叩きに出てきました。実は、私は、いかにも多忙化の責任が県にあって、その解決を県に求めていくみたいな言い方が、必ずしもいいとは思っていないんですよ。例えば、原発の運転を私はいいとは思っていませんが、世の中の原発反対・石炭火力発電所反対といった運動を、私はうさん臭いなと思いながら見ています。なぜなら、原発反対を訴える人々が、節電を訴え、自ら必死で節電に努めているようには見えないからです。今の日本が大規模な発電所を必要としているのは、今の私たちの狂ったように豊かな生活があるからなのであって、そのことを放置したままで、むやみに原発や石炭火力発電所に反対するのは身勝手です。時に便利さを諦め、いかにして日々のエネルギー消費を抑えるか、少なくとも、原発反対を叫ぶのと同じだけのエネルギーは、そのことに費やさなければなりません。

なぜ唐突にこんな話をしたかというと、職場の多忙についての議論が、外に目を向けるばかりで自分に向いていないという点で似ていると思うからです。職場の多忙は、現場職員によって作り出されている部分も大きいのではないでしょうか？　私は、私たち自身がその気になって仕事を減らそうとすれば、授業以外の部分で3割くらいの削減は簡単に出来るのではないかと思っています。

今、たまたまノートに、今年度始めの職員会議で、勤務先の校長が〝本校の目指すべき方向〟と題して行った話のレジメが挟んであったので、ちょっと読みます。全部で4つあるうちの2つめです。

教員にとって、教材研究をしたり、自らの専門性を高めるための時間は絶対に必要です。可能な限り業務を減らし、教員が本来の教育活動に専念できる学校を目指します。

これ、素晴らしいと思いませんか？　日頃、この校長がやっていることを見ていると、口先だけではないと思いますよ。だけど、これによって仕事が減ったかと言えば、ほとんど変わりません。私が見ていると、そもそも教員自身に仕事を減らしたいという気持ちがない、もしくは強くないんです。長時間勤務が全然苦でない人、仕事を増やすのが好きな人って、どこの学校にもいませんか？

理由はおそらくこういうことです。

まず、長い時間仕事をする、あるいは忙しいと言ってドタバタしていると、頑張っているという充実感に浸れるんです。もう一つは、教員って、やっぱり元々優等生なんですよね。優等生はほめられることや感謝されることが大好きです。もちろん、ほめられることも感謝されることも、決して悪いことではありません。しかし、本当に大切なこと、本当にいい仕事をしているからほめられるかと言えば、必ずしもそうとは言えません。

例えば、勉強でも進路でも部活動でも、生徒が考える以前に、教員が先取りして考える。生徒自身にやらせればいいことを教員がやってしまう。私はそういう仕事がたくさんあると思います。そして、そういう仕事は間違いなく生徒の成長や自立を阻害します。それでも、あの先生は頑張っていると言われたり、面倒見がいいと言って感謝されたりするんです。

教員は非常に真面目です。それが、目先の利益主義と結びつくと、実に余計な世話を焼いて感謝され、多忙になる、ということなんですね。何かをする時に、それが本当に必要な仕事なのかどうか、長期的な視点に立って生徒のためになるのかどうか、いちいち立ち止まって考えながら仕事をする必要があるのではないでしょうか。

県教委や校長が無理強いしようとする、例えばパフォーマンス的な研究指定などを跳ね返すのはいい。一方で、漠然と、リーダーシップを発揮して多忙を解消させろなどと要求した日には、県や校長による管理を強化させることになってしまいます。多忙化解消の問題は、半分は私たち自身の問題です。その点についても考えてみる必要があると思います。」

……聞いていた人たちが何を思ったかは不知。発言の中ではこんな言い方はしなかったが、ほめられること感謝されることが大好きな優等生は、むしろ、何かをしないことで「あの人は仕事をしない」とか「熱心でない」とか言われるのを恐れる気持ちの方が強いかも知れない。人間というのは、利益に対する誘惑よりも、不利益に対する恐怖の方が強いから……。そのことは戦争の時の人間を見るとよく分かる。人事を握られている人間が忖度するというのも、そんな心理によるはずだ。

教員の不祥事……誇り取り戻す解決策を（２０１０年12月24日）

今日の河北新報に次のような私の作文が載ったので、紹介しておく。

「最近、教員の不祥事が非常に大きく問題視されている。数だけの問題ではなく、内容が甚だ破廉恥で目に余るからなのだろう。今に始まったことでもないが、この1ヶ月、少し様相が違うのは、不祥事の背後に「ストレス」（県知事）や「多忙化」（教育長）の存在を認め、必ずしも不祥事を起こした本人に全てを押しつけるわけではないような発言が、県の中枢から出始めたということである。これは一歩前進と評価してよいだろう。だが、その後の「対策」を聞いていると、ストレスや多忙の本質がよく理解されているとは到底思えない。現場にいる一人として、私のその背景について思い至ることを書いておきたい。

私は、宮城県の教員になって22年目を過ごしている。職場環境は、この22年で激変した。あらゆる意味で、今は窮屈である。確かに、学力低下、不登校といった、世の中の変化に伴う教育的課題は増えたし、マスコミの目も厳しくなった。しかし、むしろ深刻なのは、国や県が一般教員の地位を低下させてきたこと、である。

県立高校における県の力は、法律上のみならず、実質的に信じられないほど強大化した。「お願い」という形の「命令」は増え、「ほうれんそう」とか言って、些事に至るまで管理職への「報告・連絡・相談」が義務づけられ、教員が自ら判断することが許される範囲が非常に狭まった。会議や県主催の様々な研修会はむやみに増えた上、「宿題」が課せられるようになり、しかも提出前に現場管理職のチェックが入る学校も増えた。「綱紀の粛正」「服務規律の徹底」をうるさく言われるようになって、不祥事対策らしき書類や手続きが山のように増えた。ここに一貫している県の姿勢は、「あなた達は信用していませんよ」ということであり、「あなた自身の教育的信条や判断なんてどうでもいいことですから、お上の言う通りやりなさいよ」ということだ。そして、増えたのは会議やパソコンに向う時間であり、生徒と接する時間の確保には苦労するようになった。

これらが、「多忙」と「ストレス」の具体的な中身である。一昔前のように、教員が使命感と自らの教育的信条に基づき、同僚と話し合いながら、誇りを持って働けるのなら、「多忙」は必ずしも問題ではない。自分が軽い存在となり、何の意味があるのか分からないような、もしくは、実情に基づくよりもタテマエが優先するような仕事を強いられ、生徒と関わり合う時間が削られていく時、「多忙」は「ストレス」なのである。

「誇り」を失い、判断力を鈍らせた人間が破廉恥な行為に走るというのは、自然な流れであろう。国や県がひたすら従順な教員作りに努めてきたことは、教員の自治や自己管理能力を衰退させるという強い副作用を伴うものであったことに、今気付くべきなのである。

状況は複雑で、原因を一つに絞り込むことなど出来ない。しかし、一人ひとりの教員に、どのようにして「誇り」と内発的な自己管理能力を取り戻させるのか、この観点なくして不祥事の克服はないと思う。現在語られている新たな「研修」の創設といった対策は、管理を強化する方向ばかりだ。それは不祥事の増加を加速させ、職場の活力を失わせるものではあっても、決して解決させるものではない。解決のためには、長い目で見ながら、現場の職員を信頼して任せるしかない。私が見てきた教員の圧倒的多数は、私自身頭が下がるほど献身的で意識が高く、真面目な人達であった。」

教員の専門性（２０１９年10月14日）

今日の毎日新聞「教育の窓」欄に、「教員を魅力ある職業に」という記事が出た。ＯＥＣＤのシュライヒャー教育・スキル局長が来日して、パネルディスカッションを行ったことに基づく記事だ。

棒グラフが添えられている。「教師の専門性が社会で評価されているか」との質問に対する中学校教員の回答を、マレーシア、シンガポール、韓国、ＯＥＣＤ加盟国の平均と日本とで比較したものである。「同意する」と回答した教員の割合が、マレーシア約85％、シンガポールと韓国は約75％であるのに対して、日本は30％弱。もっとも、ＯＥＣＤ加盟国の平均は意外にも30％強で、日本とあまり違わない（本当かな？？？）。

マレーシア、シンガポール、韓国と比べて、日本の教員が著しく卑屈、もしくは誇りが持てない状況であることは一目瞭然だが、私が思う所は少し違う。そもそも、日本の教員は、このアンケートに回答した時に「教師の専門性」をどのように意識していただろうか？　という問題だ。

私が「国語科教諭」の採用試験を受け、今でも第一に「国語の先生」と言われることから考えれば、教師の専門性とは、教科教育の専門家としての能力を意味するだろう。しかし、教科教育＝授業が日本の教員の仕事の何割を占めるか、ということを考えてみると、俄然その意味は曖昧となる。そしてまた、「教科教育が日本の教員の仕事の何割を占めるか？」という場合、意識においてと時間においてでは値が大きく変わるはず（前者の方が高く、後者が低い＝教科教育の専門家でありたいと願いつつ、それができない）なので、そこを曖昧にしたままでもアンケートは価値を減ずる。

私だけでなく、あちらこちらでよく言われるとおり、部活、生活指導、進路指導、保護者対応などなど、日本における教員の仕事は究極のよろず屋なのであって、真面目な人であればあるほど、自分の仕事の専門性が何かなんて分からなくなる。少なくとも、自信を持って自分の仕事の専門性が「授業」において問われると考える人は少ないだろう。そう言い切れる人がいるとして、その多くはタテマエによる回答であり、ホンネは？　となれば、やはり回答は弱気に転ずるに違いない。数学の教員として採用され、やったことのない卓球部の顧問をさせられ、進路や人間関係に関する生徒の相談に乗り、行事の準備に追われ、保護者対応に神経を使っている教員に、教科の専門家として評価される教師になれ、と言っても無理な話である。

「国語」の試験を採点することは非常に難しい。明確な採点基準を設定し、それに完璧に忠実な採点をするなら、さほど難しくないかも知れない。怪しい答えは全て×である。ところが、白紙の答案と書き切っている答案に価値の上下をつけようと思い、少しでも評価に値する点を見つけては△をつけ始めると、採点作業は一気に混迷に入り込む。平仮名一文字の違いで答えのニュアンスは大きく変わるし、○と△、△と×の間に、無限のバリエーションが存在し、それのどこまでに何点与えるかということが問われてくるからである。わけが分からなくなって、えーい、これならいっそ模範解答どおりの答案以外は×だ、と元に戻ることも珍しくない。

このことは、原点の大切さを物語っているだろう。事態が紛糾し、混迷に陥った時、対症療法によってそれを乗り切ろうとすること、相対的に物事を考えて解決を図ることは、事態をより複雑にしてしまう可能性が高い。紛糾した時には、原点に戻ること、原点（原則）に忠実に行動することが大切なのだ。

近年、教育の現場でも「働き方改革」ということがよく言われるようになった。そんなお題目をお上がいくら叫んでも、それだけではダメである。学校が本来教科教育を中心とする場所で、そのためには今行われている何を捨てるべきか、学校にとって何が本分で、何が余計なことなのか……それを社会全体に対して明確に示していくことが必要だ。

ＯＥＣＤには調査の際に、「必ず事実とホンネに基づいて回答すること」と注記した上で、教員の専門性とは何か？　という質問をも用意して欲しかった。おそらく、日本の教員が「分からない」を選ぶ率は、他国に比べて際だって高いに違いなく、そのことこそが日本の学校の抱える問題を明らかに示すはずなのである。

部活動の制限　本来の意義考え解決を（２０１８年5月27日）

今朝の河北新報「持論時論」欄に、拙文が載ったので紹介しておく。（補足：文中に登場する神谷先生は、現在、関西大学に移られている。『運動部活動の教育学入門　歴史とのダイアローグ』（大修館書店、2015年）は優れた部活動史である。）

「中学・高校の運動部活動を厳しく制限するスポーツ庁の指針を巡り、戸惑いが広がっていると4日の本紙で報じられた。私もこの指針には問題が大きいと感じている。

そもそも、なぜ部活動が「過熱」するのか？　宮城教育大の神谷拓先生によれば、対外試合の増加と広域化、就職や進学に当たっての評価、教員の採用や勤務評価での考慮などが、オリンピックで勝てる選手を生むという国策や競技団体の思惑と絡み合いながら進められた結果である。だとすれば、根底の問題を放置したままで活動時間という末端にだけ制限を加えるのは、無理のある解決策だ。

部活動時間についてにわかに強力な指導が入った背景としては、過熱対策よりも教員の多忙解消という側面が大きいだろう。確かに教員の多忙解消は急務だ。だが、その多忙は部活動に関して言えば、生徒・保護者の要求とともに、事故が起きた時に責任が厳しく問われるため、教員が常に活動に立ち会うことが求められることによっているのではないだろうか？

過熱も制限も、部活動の問題は全て大人の事情によっているように見える。教員の中には部活指導をするために教員になったという人が一定数いるようだ。学校宣伝への利用は露骨である。指導がひとえに自分の楽しみや評価のための場合もあるだろう。大人による部活動は「生徒のため」という大義名分を掲げつつ、生徒の自立を妨げ、管理的体質をつくる契機として機能する場合が少なくない。

だが、指針にもある通り、部活動は本来、生徒たちの自主的・自発的なものであるはずだ。今、文科省や教育委員会がすべきことは、部活動をそのような本来の姿に戻していくことではないだろうか？

対外試合の制限は必要だ。その増加を可能にし、授業と部活動の本末転倒を引き起こす「公認欠席」は認めるべきでない。部活動を推薦材料にすることの是非については検討を始める必要がある。

だが、何より必要なのは、学校が部活動によって生じた事故の責任を問われないようにすることだ。責任と管理とは表裏一体である。

教育委員会は部活動が生徒による自主的な任意の活動であることを明確にし、学校は場所を貸すが部活指導は教員の職務ではなく、せいぜい運営に関する相談に乗るだけ、施設の不備に起因しない限り事故に責任は持たない、と世間に向かって宣言すべきなのだ。

子どもが自分たちのニーズに基づき、自立的にのびのびと部活動に取り組む。大人が管理するほどうまく活動できなくても、学ぶことは大きいはずだ。そんな部活動なら「過熱」も構わない。青春の一時期にのめり込めるものがあるのはいいことではないか。それで勉強がおろそかになれば、部活動を制限するのではなく、勉強がおろそかになっていることを問題にし、解決策を考えさせればいい。

とにかく、大切なのは大人が子どもを利用しないことであり、学校が何もかも丸抱えにしないことである。残念ながら、今回の指針は逆の方向を向いている。」

会社を辞めないために（2018年3月9日）

もう1ヶ月ほど前の話になるが、某有名進路情報会社の方を講師に招いて、進学・就職に関する有志向けの研修会を行った。「有志」とは言え、学年の7割近い生徒が参加した。

「進学者のうち、毎年8万人が退学し、高卒後の3年間で、就職した人の4割が離職する。離職の2大理由は、〝仕事が自分に合わない〟と〝職場の人間関係〟だと言われる。後者はともかく、前者は、自分が入る会社について事前によく調べていないからだ。だから、高校生は、自分の進路についてもっとしっかり調べなければならない」というのがおよその内容。翌日、私はあるクラスに授業に行って、申し訳ないが、以下のような話をした。

「最近、進学でも就職でも、学生・社員がすぐに辞めてしまうということが問題になっていて、それについてよく言われるのは、事前の調べが足りない、ということです。昨日の研修会でも同じようなことを言っていたし、先生たちもよく言うよね。

だけど本当かな？　事前にいくら調べたって、実際にやってみないと分からないということなんか山のようにある。むしろ、何もかも実際にやってみないと分からない、と言っていいくらいだ。皆さんだって、この学校が予想と完全に一致していたという人がどれくらいいるかな？　一致していないという人で、もっとよく調べれば一致したはずだ、と思える人いるかな？　そんなことあるわけがないよね。私の実感として、離職の最も重要な理由は人間関係だけど、会社に入ってどんな人間関係が待っているか、自分がどんな部署に配属されて、自分の同僚や上司がどんな人かなんて、いくら一生懸命事前に調べたって分かるわけがない。皆さんの中で、この学校に入れば、2年生になった時に国語の担当が平居先生になると思っていた人……いるわけないでしょ？（笑）私だって、まさか今年、ここで皆さんに出会うなんて思っていなかったよ。就職した時どころか、去年の今頃でさえも、です。

じゃあ、入ってから「失敗した！」と思わないためにどうしたらいいんだろう？　入ってから「失敗した！」と思った時にどうしたらいいんだろう？

私が思うのは、まず、入ってから失敗したと思わない方法はありません。予習の問題だけではなく、だいたい、人間というのは必ず他人のやっていることの方が楽で楽しそうに見えるんだから、多かれ少なかれ後悔はするんです。そうならないための方法があるとすれば、それは自分の責任で決めることです。後悔はするかも知れないけど、あきらめがつきます。

入ってから失敗したと思った時に、最も大切なのは、我慢するということです。次に、その仕事や会社のいいところを探そうと努めること、そして最後に、すっぱり諦めて辞めることです。これは、会社や学校よりも、結婚という人生選択をした時のことを思い浮かべると分かりやすいかも知れない。あ、それは今、家の中で私がそういう問題に直面しているということではないから誤解しないでね（笑）。だけど、安易に辞めるのはダメだよ。我慢して乗り越えないと見えてこない面白さとかやり甲斐っていうのは絶対にあるから。

じゃあ、どうして、学校でも受験業界の人でも、事前学習の大切さをしつこく言うんだろう? ひとつは、何かしらの選択をするわけだから、選択肢について知っていなければ選べない、という当たり前の理由です。この点については、私も異論はありません。私だって、調べる必要なんか一切ない、と言うわけではありません。調べるという作業は、大学や仕事について知るだけでなく、自分の気持ちを知り、意志を確かめていくことにもなるしね。

そしてもうひとつ、それがお金になるからですよ。私が言うみたいに、我慢するとか、いいところを探すというのは、入った後にだけ通用する話で、受験業界のお世話になりようがないから、産業として成り立たない。事前のことならいろいろと作業を作り出して、それに価値を生み出せるし、価値を生み出せるっていうのはお金になる、っていうことだからね。

もう一回言います。調べることは大切だけど、それをしっかりやれば入った後で問題が発生しない、なんて過信しちゃダメ。そんなことより、進路は自分自身で決める、入った後は我慢する、いいところを探す、諦めるべき時には諦めて辞める……私はそれが大切だと思うよ。あ、私の言ったことを素直に信じると、あんたたちが変人になっちゃうから気をつけてね……。」

生徒は複雑な表情で聞いていた。ま、いいさ。私の言っていることの真偽は知らず、みんなが同じような話をするよりは、彼らの脳を刺激し、活性化させるはずだから、その点だけでも価値がある。

総括編

「哲学」だけが世界を救う

長々とお付き合いくださり、ありがとうございました。

読んでいて、「いったいこれがなぜ哲学なのだ？」と当惑し、「タイトルと内容が違うではないか」と憤りを感じた方がいるかも知れません。その場合は、もう一度、総論編からじっくりと読み直してみてください。総論編で書いたような哲学的問いを絶えず行い、考える材料としての知識をせっせと集める、そんな作業の上に、この本の全ての文章は成り立っています。

また、そのように感じられた方は、この本の中に一箇所も「こんな考え方もあるのか？」とか、「どうしてこれが問題なんだ？」と思った箇所がなかったでしょうか？　もしもあったとすれば、それらこそ私が「哲学」している証拠であり、読んで考えてみて欲しいところです。

「哲学する」ことは、果たして難しいことでしょうか？　少なくとも原理は簡単です。基本的には、「善」を目指して疑い、想像力を遠くへ向けて働かせることだけだからです。そのためには、思い込みを排して物事をじっくり観察する、考えるための様々な情報を集めるといったことも必要になりますが、意識だけで解決することも少なくありませんし、出来る範囲でやればよいのです。知識が十分でないから考えられないとか、発言できないなどと言ってしまえば、いつまで経っても先に進むことは出来ません。常に不完全な現在進行形であることは仕方ありません。

しかし、「哲学する」ことは、どうやらとても難しいことであるようです。誰かが「難しい」と言って悩んでいるのを見て、そう思うのではありません。それが世の中でほとんど行われていないように見えることから、おそらく難しいことなのだろうと想像できるわけです。

残念ながら、私が真面目に「哲学」すれば、その結論は、ほとんどことごとく、世の中で正しいと言われ、行われていることと逆になると言っていいほどです。

当たり前といえば当たり前です。本文中で繰り返した通り、私の観察によれば、この世には「真偽と損得は矛盾する」「現在の利益と将来の利益は矛盾する」という法則が間違いなくあります。「真偽」と「将来の利益」を考えるのが「哲学する」ことであり、「損得」と「現在の利益」を考えるのは「哲学」ではありません。そして、現在の世の中では、後者の方が圧倒的に大切にされているからです。今の人々を象徴する価値観として、「今だけ金だけ自分だけ」（東大教授・鈴木宣弘氏が最初に言い出したらしい）というのは、まったくその通りなのです。そして、そのような価値観は、「現在の規則に反していない限り、お金さえ払えば何をしてもいい」というモラルや、「資源も食糧も永遠に必要なだけ輸入できる」という認識（誤解）に支えられて行動化されています。

それで世の中が上手くいくなら、特に問題はありません。私の言葉はただの「妄言」、「余計なお世話」です。しかし、今の世の中が、戦争や環境問題を始めとして、実に多くの解決困難な問題を抱え、将来に向けて更に大きなひずみを生み出し続けていることは、少し観察すれば誰にでも分かることです。時間軸を30年延ばせば、そのひずみが更に大きなものになるであろうことも簡単に予想できます。どうしたらいいか分からないし、原因もよく分からないが、なんだかとても困った状態で将来が不安だ、というような感情を持つ人も決して少なくないでしょう。

「哲学する」ことの意味を念頭に、そのような困った状況をよく見てみると、それらはほとんど全て、「哲学」の不在によって生まれていることが分かります。逆に言えば、状況を改善させるためにも、今後新たな問題を生まないためにも、どうしても「哲学する」ことが必要なのです。「哲学」は、実用的な頭の使い方です。机上で過去の偉大な哲学者の言葉と戯れることではありません。

「基本は大切だ」「敵は自分だ」、これらはスポーツの世界でよく耳にする言葉です。「哲学」も同じです。「哲学」は考え方の基本です。単純な頭の使い方でありながら、それを徹底させることは難しく、みんなが徹底的に「哲学する」ことができれば、この世の問題の多くは解決します。しかし、そのためには、利益に目をくらまされず、思い込みを排し、周りに流されることなく、じっくりと「善（正しさ）」に向かって考えるという自分との戦いが避けられません。

「文化の質はかけた手間暇に比例し」ます。言うまでもなく、人間の営みである「哲学」は「文化」です。簡単だけど難しい「哲学」をするために大きな手間暇が必要であることは、言い換えれば、それによって手に入れられるものが大きい、ということでもあります。

最後に、復習として高村光太郎の詩をひとつ紹介します。「あたり前」と題されたたった4行の短い詩ですが、「哲学する」姿勢を、これほど鮮やかに描いた言葉はありません。言葉を補って、意味が通じるようにしてみてください。この本を通して「哲学」が理解できていれば、簡単なはずです。

あたり前のことでも僕は言ふ
あたり前のことでも僕はする
あたり前でないことでも僕は言ふ
あたり前でないことでも僕はする

さて、「あたり前」とは何なのでしょうか?……

あとがき

これは私の4冊目の著書です。1冊目は日本文学、高村光太郎の評伝でした。2冊目は水産・海洋教育、水産高校の日常生活に関するレポートです。3冊目は中国史、冼星海《しょうせいかい》という作曲家の生涯をたどりながら、日中戦争期の中国共産党について考察したものです。そんな私はいったい何者なのでしょうか？　これらの著書を見る限り、どう考えても、何が専門で、何を生業にしている人間なのかが想像できません。

しかし、この本を読んで下さった方には既にお分かりのことと思います。私の専門は「知を愛する学」としての「哲学」なのだ、ということです。

私は、「哲学」に憧れて大学の哲学科に入りながら、そこを卒業した時には、自分の専門を「哲学」だと思っていませんでした。専門を「哲学」だと自覚するようになったのは、就職後おそらく10年前後を経て、「哲学」を総論編に書いたようなものとして理解するようになってからです。当然のこと、高校の国語のセンセである私の専門を「哲学」と認めてくれる人はなかなかいません。大学が哲学科だったと知って、そこから「専門は哲学ね」と言ってくれる人はいます。しかし、それはただのラベリングです。

もしかしたら、この本が世に出ることによって初めて、私は専門を「哲学」と認めてもらえるようになるのではないか……、そんな期待をかすかに抱いています。否、逆に、「哲学は平居の言うようなものではない、お前は哲学を汚《けが》した」と批判されるのがオチでしょうかね？

出版に当たり、花伝社の佐藤恭介さんにお世話になりました。心からの感謝を捧げます。

2024年9月8日　　平居　高志

平居高志（ひらい・たかし）
1962年大阪府生まれ。1986年東北大学文学部哲学科中国哲学専攻卒業
1988年東北大学大学院文学研究科中国学専攻博士課程前期修了
1989年より宮城県高等学校国語科教諭。女川、石巻、仙台第一、水産、塩釜の各校を経て、現在は石巻工業高校に勤務
2017年博士（東北大学・文学）
著書『「高村光太郎」という生き方』（三一書房、2007年）、『それゆけ、水産高校！』（成山堂書店、2012年）、『中国で最初の交響曲作曲家　冼星海とその時代』（アルファベータブックス、2019年）
論文・雑文：中国近現代史の論文多数。他に社会問題、日本文学・語学、芸術、紀行、スポーツ、科学などに関するおびただしい雑文を、ブログ「Tr.平居の月曜プリント」で公開している。

アリストテレスもヘーゲルもサルトルも出てこない
実用「哲学する」入門

2024年10月10日　初版第1刷発行

著者 ――― 平居高志
発行者 ―― 平田　勝
発行 ――― 花伝社
発売 ――― 共栄書房
〒101-0065　東京都千代田区西神田2-5-11出版輸送ビル2F
電話　03-3263-3813
FAX　03-3239-8272
E-mail　info@kadensha.net
URL　https://www.kadensha.net
振替 ――― 00140-6-59661
装幀 ――― 北田雄一郎
印刷・製本 ― 中央精版印刷株式会社

ISBN978-4-7634-2138-8 C0010